PEG GRANGER

Freundschaft mit Rocco

Schneider-Buch

Die Originalfassung des Buches ist
erschienen bei William Morrow
Comp., Inc., New York, unter dem Titel
„After the Picnic"
Übersetzung: Liselotte Eder

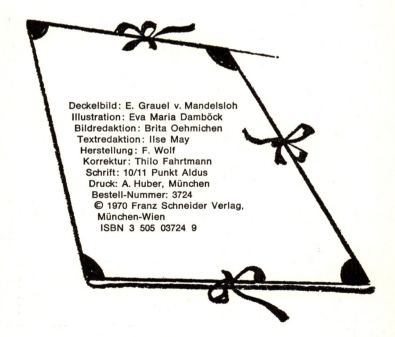

Deckelbild: E. Grauel v. Mandelsloh
Illustration: Eva Maria Damböck
Bildredaktion: Brita Oehmichen
Textredaktion: Ilse May
Herstellung: F. Wolf
Korrektur: Thilo Fahrtmann
Schrift: 10/11 Punkt Aldus
Druck: A. Huber, München
Bestell-Nummer: 3724
© 1970 Franz Schneider Verlag,
München-Wien
ISBN 3 505 03724 9

„Was ist los mit mir? Ich liebe meinen Vater und habe ihn dennoch verletzt, so sehr ich nur konnte. Ich liebe Rocco und hab ihn trotzdem für immer fortgeschickt. Und warum das alles?"

**Dudley mußte es vor sich
selbst zugeben:
Der schwarzhaarige Junge
sah wirklich sehr gut aus!**

Dudley Anson spürte die warme Aprilsonne auf ihrem Rücken, als sie sich über das alte Holzgeländer der Brücke lehnte. Der Wind spielte mit einer Strähne ihres dunklen Haares. Ihr Blick folgte der Windung des Flusses, der in wachsender Breite dem Hafen zustrebte. Sie sah zu der grünbemützten Klippe hinauf, die die Bucht vom Meer trennte, und dann hinunter auf das Gewirr der Fischerboote am Kai. Zu ihrer Rechten gewahrte sie den Rumpf eines Bootes, das am Ufer vor sich hin rostete.

Mit leisem Lächeln erinnerte sie sich an den Tag, als der alte Emil Sorenson sein „Panzerschiff" vom Stapel lassen wollte. Jahrelange Arbeit hatte er darauf verwandt, und als es Tiefgang bekam, war es abgesackt wie ein Stein. Er hatte es wieder an Land gezerrt, und seitdem war es einfach dort liegen geblieben.

Ein paar Minuten später stieß Dudley sich vom Geländer ab und ging zum Ende der Brücke zurück. In ihrer Umhängetasche hatte sie die Aufnahmebewilligung von der Kunst-Akademie, aber damit mochte sie sich jetzt nicht befassen. Was soll's, dachte sie. Die Abschlußprüfung am Gymnasium war erst in zwei Monaten, und bis dahin blieb noch Zeit genug.

Einer plötzlichen Eingebung folgend, ließ sie ihr Fahrrad zurück, das sie nicht weit von der Brücke an einen Baum gelehnt hatte. Sie wanderte den schmalen Pfad hinunter, der am Fluß entlang zum Hafen führte. Auf der anderen Seite der Klippe hörte sie die Brandung gegen die Felsen schlagen.

Je näher sie dem Kai kam, desto bewußter wurde sie sich der Ausblicke, Geräusche und Gerüche, die zu ihrem Leben gehörten, solange sie denken konnte. Vielleicht war es nur die strahlende Heiterkeit dieses Tages, aber Dudley nahm alles mit viel wacheren Sinnen auf – alles, was für sie bisher ganz selbstverständlich gewesen war.

Sie strich über die dreiblättrigen wilden Erdbeerpflanzen hin, die wie ein Teppich mit ihrem leuchtenden Grün die Felsen und das Ufer bedeckten. Kein Wunder, sinnierte Dudley, daß den Einwanderern bei diesem Anblick das Kleeblatt eingefallen war und daß sie dem Fluß und der Stadt den Namen Shamrock – das bedeutet Kleeblatt – gegeben hatten.

Sie wandte sich ein wenig nach rechts, als wieder ein Boot in den Hafen tuckerte und am anderen Ende des Kais festmachte. Voll stiller Bewunderung beobachtete sie, wie sich die klaren Linien des weißen Schiffsleibes scharf gegen die dunkle Klippe abhoben. Das gäbe ein hübsches Aquarell mit den Kontrasten von Klippe und Boot. Dann mußte sie lächeln und schimpfte mit sich: Du bist eine schöne Malerin! Den Skizzenblock hast du natürlich nicht dabei!

Sie fuhr hoch, als sie Gebell hörte. In dem ersten am Anlegeplatz vertäuten Boot war etwas, was ein Hund sein wollte, obwohl es mehr wie ein braunschwarzer Bettvorleger aussah. Er raste wild bellend auf dem Deck hin und her. Dudley hatte einem Hund noch nie widerstehen können, und so ging sie auf das Boot zu.

„Hallo, Burschi", sagte sie schmeichelnd. „Was ist denn los mit uns, hmm?" Der Hund rannte auf sie zu, winselte und gab seiner überschwenglichen Freude Ausdruck, indem er mit dem Hinterende seines zottigen Körpers hin und her wedelte.

„Möchtest gern her zu mir?" fragte Dudley in singendem Ton. „Na los – bist doch ein großer Hund, das schaffst du schon! Bist anscheinend sowieso allein zu Haus!" Er legte die Vorderpfoten auf die niedrige Reling. Gerade in diesem Augenblick wurde das Boot von einer Welle erfaßt und begann sanft hin und her zu schaukeln.

„Paß auf, du" – wollte Dudley ihn noch warnen, aber es war schon zu spät. Ihr neugewonnener Freund ging über Bord und platschte direkt neben dem Boot ins Wasser.

„Tapato!" schrie eine Männerstimme, und ein schwarzhaariger junger Mann schwang sich aus einer Luke heraus. „Was passiert?" rief er zu Dudley herüber.

Sie deutete nur hilflos auf das Tier, das neben dem Boot im Kreis herumschwamm. Es konnte weder an Bord zurückgelangen noch an den schlammgrünen Pfahlrammen des Kais hinaufklettern. Der junge Mann raste an die Reling. „Komm her, Baby", sprach er auf den verängstigten Hund ein. „Ist ja nicht so schlimm. Komm, Tapato – komm her zu mir!" Er beugte sich weit über den Bordrand und streckte die Hand nach dem Hund aus – unvorsichtig weit.

Dudley sah den jungen Mann noch kurz ins Leere greifen, dann landete auch er mit lautem Platschen im Wasser. Sie lief an den Rand des Kais und sah seinen Kopf gleich wieder auftauchen. Dann aber schien es mit dem Schwimmen nicht recht zu klappen. Seine Arme paddelten wild auf den Hund zu, nun gingen beide unter. Kurz darauf kamen sie an verschiedenen Stellen wieder hoch. Dudley hatte den Eindruck, als wären beide im Begriff zu ertrinken. Außer sich vor Angst, sah sie sich nach Hilfe um. Aber wo waren all die vielen Menschen, die sie vor wenigen Minuten noch beobachtet hatte? Das ganze Ufer war leer. Da entdeckte sie einen Gummireifen, der an der unteren Kante des Kais befestigt war.

Wenn ich den losbekomme, überlegte sie, wäre das so etwas wie ein Rettungsring. Kniend packte sie ihn und zerrte daran, bis ihr die Finger weh taten. „Halten Sie noch ein bißchen aus!" schrie sie verzweifelt. „Ich helf Ihnen!" Endlich, bei einem Ruck, der sie fast rücklings zu Boden schleuderte, gab er nach. Sie

11

sprang auf, holte ungeschickt aus und schleuderte den Reifen dem jungen Mann zu. „Da!" keuchte sie, als der Reifen durch die Luft schlenkerte. „Halten Sie sich daran fest!"

Doch zu ihrem Entsetzen schlug der Reifen nicht im Wasser auf, sondern traf den triefenden Kopf des jungen Mannes, der gerade, nach Luft schnappend, auftauchte. Bei dem Gespritze, ihrer eigenen Verwirrung und dem lauten Geschrei in einer fremden Sprache erkannte Dudley nicht, was nun weiter geschah. Schließlich trieb der Reifen ab, und der junge Mann steuerte, mit einem Arm schwingend, dem Kai zu, während er mit dem anderen den erschöpften Hund hinter sich herzog. So gelangten beide zu einer Leiter, die Dudley erst jetzt entdeckte. Er hielt sich an einer Sprosse fest, schubste den Hund auf die Plattform und kletterte hinterher.

Dudley rannte zu den beiden hin. „Ist Ihnen was passiert?" fragte sie atemlos. „Es tut mir so leid."

Der junge Mann verschlang sie mit seinen dunklen Augen. Sein grober Drillichanzug klebte ihm am Leib, und er stand in einer immer größer werdenden Wasserpfütze. Er kauerte sich neben dem Hund nieder, während er sich das tropfnasse Haar aus dem Gesicht strich. „Mir fehlt nichts", sagte er mit deutlichem Akzent. Fachmännisch untersuchte er Tapato, um festzustellen, ob der verletzt war. „Nur gut, daß ich so einen harten Schädel hab. Sonst wär es um Tapato und mich geschehen."

„Es tut mir wirklich leid", sagte Dudley unsicher und kniete ebenfalls neben dem Hund nieder. „Ich habe mich gerade mit ihm unterhalten, und . . ." Genau diesen Moment benutzte Tapato, um sich das Wasser aus dem Fell zu schütteln. Ein leichtes Schwanzwedeln beendete die Aktion. Dudley versuchte noch zu entkommen, aber es war zu spät. Auch sie war jetzt über und über naß.

„Jetzt sind wir quitt", sagte der junge Mann und sah sie grinsend an. Dann betrachtete er ihre schneeweiße Bluse und die blaue, gutsitzende Hose, und er fand das Mädchen sehr hübsch, obgleich es von oben bis unten mit öligem Hafenwasser bespritzt war. „Hoffentlich ist Ihnen das eine Lehre, kleines Fräulein! "

Kleines Fräulein! Dudley war wütend. Der hatte vielleicht Nerven! Schließlich hatte sie nur helfen wollen!

Sie drehte sich auf dem Absatz um und stapfte über den Kai davon.

„Warum laufen Sie denn weg?" hörte sie ihn noch rufen. „Ich hab's doch nicht bös gemeint!" Aber sie setzte ihren Weg fort.

Sie wanderte den Pfad entlang, an ihrem Fahrrad vorbei, bis zur alten Brücke. Über die stromaufwärts gelegene Seite des Geländers geneigt, wandte sie dem Kai in wörtlichem und übertragenem Sinn den Rücken zu. Sie seufzte, und ihre blauen Augen folgten dem Lauf des Shamrock-Flusses, wie er sich durch das Vorgebirge hindurchwand. Die ganze smaragdfarbene und blaue Welt von Shamrock lag hier vor ihr, die sie so sehr liebte.

Sie erinnerte sich an ihre einzige Zeit fern von Shamrock, und sie konnte ein Schaudern nicht unterdrücken, das nichts mit ihren feuchten Kleidern zu tun hatte. Es war nun drei Jahre her, und sie war vierzehn gewesen. Im Juni war plötzlich ihre Mutter gestorben. Dudley konnte den Schlag so schwer verwinden, daß ihr Vater damals plötzlich entschied, sie müsse von zu Hause fort.

„Ich möchte, daß du zu Tante Kätie fährst und dort ein bißchen bleibst", hatte er ihr eines Tages beim Frühstück eröffnet. „Du bist ihr willkommen, und es wird dir guttun. Sandra ist nur etwa ein Jahr älter als du —"

„Weiß ich", hatte sie gesagt. „Aber, Vati, was wird aus dir?"

„Da kannst du ganz unbesorgt sein", war die Antwort gewesen. „Frau Mohr wird schon auf mich aufpassen.

Doch die wenigen Monate bei Tante Kätie in Los Angeles waren die schrecklichsten gewesen, die sie je erlebt hatte. Sie haßte die Stadt, das Klima und die Lebensart der Menschen dort. Sie verstand sich weder mit ihrer Kusine noch mit deren Freunden, und vor lauter Heimweh nach Shamrock war sie richtig krank geworden. Als ihr Vater sie endlich wieder nach Hause holte, hatte sie sich geschworen, nie wieder fortzugehen.

„He, Dudley! Wo hast du bloß gesteckt?" Sie drehte sich um, und da radelte, zerzaust und mit gerötetem Gesicht, ihre Freundin Hanna Ellermann wie eine Wilde auf sie zu. „Ich hab dich überall gesucht", keuchte sie, während sie bremste. „Als du nicht daheim warst, bin ich zu deinem Vater in die Praxis, und er hat gesagt, du wolltest zur Shamrock-Brücke. Da hab ich alles kreuz und quer um die neue Brücke abgestrampelt!" Sie strich sich das hellbraune Haar aus dem Gesicht. „Ich bin ganz fertig!"

„Das ist doch nicht meine Brücke", sagte Dudley lächelnd und warf einen kurzen Blick auf die entfernteren Bögen aus Eisenbeton, die sich gegen den fernen Ozean abhoben.

„Weiß ich, weiß ich", sagte Hanna. „Für dich zählt eben nur die alte. Was du magst, muß mindestens schon hundert Jahre auf dem Buckel haben! He", rief sie, als sie ihre Freundin näher ansah. „Was ist denn mit dir passiert? Himmel, Dud, dich würden sie in der Shamrock-Wäscherei bestimmt nicht zur Reinigung annehmen."

Dudley sah sie eine Weile schweigend an. „Hanna", sagte sie dann, „ich geb ja zu, mein Name ist nicht gerade der weiblichste, den es gibt, aber ich heiß nun mal so, und ich hab dir schon hundertmal gesagt, daß man ihn nicht zu Dud abkürzen sollte. Du weißt ebenso gut wie ich, daß ‚dud' soviel wie ‚Versager' heißt!"

„Okay, Dudley", sagte Hanna und grinste. „Aber was ist denn mit deinen Kleidern passiert? Bist du hingefallen?"

„Also . . ." Als Dudley das unverhüllt neugierige Gesicht ihrer Freundin sah, beschloß sie, ihr kleines Abenteuer lieber für sich zu behalten. Denn Hanna würde alles wissen wollen – ganz genau, wie alles gewesen war, was er gesagt hatte und was sie geantwortet hatte, alles ganz genau, und wenn sie dann herausbekommen hätte, daß der Bursche jung war und gut aussah, würde sie dorthin wollen, um selber ins Wasser zu fallen. Und es stimmte, wie sich Dudley überrascht eingestehen mußte: Er sah wirklich sehr gut aus.

„Na?" bohrte Hanna weiter. „Deinem Gesicht nach zu urteilen muß es toll gewesen sein."

„Nicht, was du denkst", sagte Dudley. „So – so ein oller Köter ist nur naß geworden und hat sich direkt neben mir ausgeschüttelt." Sie lächelte Hanna an. „Aber warum wolltest du mich eigentlich so dringend sprechen?"

Hanna schlug sich mit der Hand an die Stirn. „Wieder mal echt ich! Erst bring ich mich halb um, damit ich dich finde, und dann mußt du mich dran erinnern, was ich dir erzählen wollte." Sie fummelte in ihrer Tasche herum. „Ich hab die Aufnahmeprüfung an der Universitätsklinik bestanden!"

„Ist ja wunderbar!" rief Dudley begeistert. „Zeig mal her!" Hanna gab ihr das Schreiben, und Dudley las es schnell durch.

„Ich konnte es einfach nicht erwarten, dir das zu erzählen", sprudelte Hanna heraus. „Kannst du dir vorstellen, wie ich durch die Krankenzimmer flitze und alle Assistenzärzte sind ganz weg von mir? Es ist, als wär ich schon dort." Sie sah Dudley durchdringend an. „Bist du sicher, daß du nicht ins Krankenhaus mußt zu einer Blinddarmoperation oder sonst irgend was?"

„Du schnappst noch über." Dudley lächelte. „Wann geht's denn los?"

„Himmel, erst muß ich mal die Schule hinter mir haben!" stöhnte Hanna. Sie wirbelte ihr Fahrrad herum in Richtung Stadt. „Triffst du dich abends noch mit Tom?"

„Nein! Der ist heute mit der lieben Familie bei einer Tante. Er hat mich vormittags angerufen."

„Na schön. Jetzt muß ich aber abhauen. Du auch?"

„Ich noch nicht", antwortete Dudley und war selbst überrascht über ihren Wunsch, noch ein bißchen allein zu bleiben, und auch darüber, daß sie Hanna nichts von dem Brief erzählen mochte, der heute für sie gekommen war.

„Also", seufzte Hanna, „bis dann!"

An Hannas Hinterrad staubte es hoch, und weg war sie. Dudley schaute ihr nach, sah ihre stämmige Gestalt kleiner und kleiner werden und schließlich um eine Wegbiegung verschwinden. Sie schüttelte leicht den Kopf. So war das bei Hanna immer. Die wußte genau, was sie wollte und wie sie es anstellen mußte, ihr Ziel auch zu erreichen.

Dudley schob ihr Fahrrad an den Straßenrand

Dudley schob ihr Fahrrad an den Straßenrand, legte es vorsichtig hin und ging dann hinüber zum Fuß des Berges. Ihr Blick fiel auf die winzigen Fischerboote dort unten. Sie fragte sich, ob das Schiff, von dem Tapato ins Wasser gefallen war, wohl seinem Herrchen gehörte. Sicherlich nicht; dazu war er noch zu jung.

Dudley fröstelte, als der Wind, der nun direkt vom Meer kam, ihr das Haar zerzauste. Ich zieh hier lieber wieder ab, überlegte sie, eilte zu ihrem Rad, stieg auf und fuhr davon.

Ich will nicht von zu Hause fort. Nicht weil ich etwa Angst habe . . .

Dudley öffnete die Tür und schlüpfte in das stille Haus. Vati macht wahrscheinlich noch einen Krankenbesuch, dachte sie. Entweder das, oder er ist von der Klinik noch gar nicht zurück.

Sie ging vom Wohnzimmer in die Praxis ihres Vaters, die von den Privaträumen durch eine kleine Diele getrennt war. Sie sah, daß hier die übliche Unordnung herrschte.

Fräulein Reynolds, Dr. Ansons Sprechstundenhilfe, hielt das Ordinationszimmer zwar tadellos in Schuß, aber es kam immer noch jemand nach der Sprechstunde, und Dudley fand, danach glich die Praxis stets einem Schlachtfeld. Sie suchte die Karten mit den Krankengeschichten der Patienten zusammen und ordnete sie sorgfältig in die große, olivgrüne Kartei ein. Dann spitzte sie die Bleistifte und stellte sie wie ein altmodisches Blumengebinde in die filzbeklebte Orangensaftdose, die sie im dritten Schuljahr für diesen Zweck gebastelt hatte. Sie sah sich Vaters Terminkalender für den folgenden Tag an. Sie schüttelte den Kopf, weil er sich sogar für Sonntag Patienten bestellt hatte. Sie gab der Feuerlilie frisches Wasser und zog dann den abgewetzten Teppich unter seinem Stuhl glatt.

Dann ging sie durch die Diele wieder ins Wohnzimmer und ließ sich in den großen Ledersessel ihres Vaters sinken.

Sie legte den Kopf zurück und genoß die Ruhe und den Frieden des vertrauten, holzgetäfelten Raumes. Wie weggeblasen waren der Lärm und die Aufregungen der hinter ihr liegenden Stunden. Der dunkle, gut aussehende Junge kam ihr wieder in den Sinn, sie verdrängte aber die Erinnerung an ihn und zwang sich, an Tom zu denken.

Tom – na ja, es war eben Tom. Liebte sie ihn? Sie hatte ihn gern, soviel war sicher. Er gehörte ganz einfach zu ihrem Leben. Das war schon immer so gewesen, seit sie sich im vierten Schuljahr wüste Kämpfe geliefert hatten. Aber lieben? Sie war zu müde, um jetzt weiter darüber nachzudenken. Die Augen fielen ihr zu.

Dudley schreckte aus dem Schlaf hoch. Es war dunkel geworden. Sie stand vom Sessel auf und tastete sich zu ihrem Zimmer hinüber. Als sie die Lampe an ihrem Frisiertisch angeknipst hatte, begann sie mit regelmäßigen Strichen ihr volles, dunkles Haar zu bürsten, bis es knisterte und ihr schmales Gesicht umrahmte.

Sie legte die Bürste fort und runzelte die Stirn, als ihr Blick auf ein älteres Bild von Hanna auf der Kommode fiel. Lebhafte, strahlende Augen. Dudleys Stirnfalten wurden tiefer. Was ist eigentlich los mit mir? fragte sie sich. Je näher der Schulabschluß kam, desto einsamer fühlte sie sich. Alle andern vergingen vor Aufregung, platzten beinahe vor Selbstvertrauen und hatten die kühnsten Zukunftsträume. Es ist, dachte Dudley und stand langsam auf, es ist, als ob sie es kaum erwarten könnten, von Shamrock wegzukommen.

Und ich will ganz einfach nicht fort! Diese plötzliche Erkenntnis warf sie förmlich auf den Hocker zurück. Vielleicht war das die Erklärung für das sonderbare Gefühl, das sie ständig quälte. Mußte sie denn weggehen, nur weil alle anderen es taten?

Wenn sie sich doch nur mit irgend jemandem aussprechen könnte! Die meisten Klassenkameradinnen würden sie für verrückt halten.

Sie knipste das Nachttischlämpchen an, und aus der Dunkelheit tauchte das Gesicht ihrer Mutter auf, deren Foto auf ihrem

Nachttisch stand. Ihre klugen grauen Augen blickten sie von dem vier Jahre alten Bild an, und ihr hellbraunes Haar verlieh dem Gesicht eine immer gleichbleibende Sanftmut. Wenn ich doch mit ihr reden könnte, dachte sie. Ihre Mutter hatte für alles Verständnis gehabt.

Beim Betrachten der Fotografie spürte Dudley die Wärme und Sicherheit, die sie immer in ihrer vertrauten Umgebung zu Hause und in ihrer Stadt empfand. Und wenn ich hier dennoch fort muß, dachte sie und bekam eine Gänsehaut, wenn ich trotzdem zur Kunst-Akademie muß? Sie seufzte, trat ans offene Fenster neben ihrem Himmelbett und dachte an das letzte Gespräch mit ihrer Mutter am Tag, bevor sie gestorben war.

„Kümmere dich um Vater", hatte sie mit schwachem Lächeln geflüstert. Und weil das fast ihre letzten Worte gewesen waren, hatte Dudley sie ganz wörtlich genommen und ihnen eine Bedeutung beigemessen, die weit über das hinausging, was ihre Mutter wohl gemeint hatte. Sie lieferten ihr aber auch den gewünschten Vorwand, sobald über ihre Zukunft gesprochen wurde.

Ein kühler leichter Wind trug den würzigen Duft der Fichten im Hof zu ihr herein und schien sie in ihrem Entschluß nur noch bestärken zu wollen.

Ich will nicht von zu Hause fort, dachte sie. Nicht, weil ich etwa Angst habe; nur – ich hab hier eben meine Verpflichtungen. Ich muß einfach hierbleiben!

Sie lauschte eine Weile den nächtlichen Geräuschen von Shamrock, dem Rauschen des Windes in den Fichten, das vom Gebell eines einsamen Hundes in der Ferne unterbrochen wurde, und der Brandung des Meeres, weit draußen, leise, kaum vernehmbar.

Diese Laute, dachte Dudley, gehören einfach zu meinem Leben. Ich weiß sogar, der Hund da gehört den Rosettis. Wahrscheinlich sind sie heute abend nicht zu Hause. Mit leisem Lächeln, als ob das Hundegebell sie beruhigt hätte, machte sie sich zum Zubettgehen fertig. Sie schlief schon, als ihr Vater heimkam.

✳

Hanna und Dudley warteten am Montag vor dem Schultor, als Tom in seiner alten Kiste auftauchte und zu ihnen an den Straßenrand fuhr. Sie mußten zu einem naturkundlichen Ausflug.

„Steigt ein!" überschrie er das Rattern des Motors. „Wir sind schon spät dran!"

Als sie den Ort durchquert und den Zypressenhain außerhalb der Stadtgrenze hinter sich gelassen hatten, beschleunigte Tom das Tempo etwas.

„Was ist los mit der Karre?" fragte Hanna vom Rücksitz.

„Die bibbert immer so, wenn ich über sechzig aufdrehe", antwortete Tom. „Muß an der Steuerung liegen."

„Ich bibbere schon, wenn er über fünfunddreißig geht", warf Dudley ein und genoß das angenehme Gefühl, in der Gesellschaft guter Freunde zu sein. „Eines Tages wird es bestimmt mal einen großen Knall geben, Schrauben und Muttern werden wild durch die Gegend fliegen, und dann hat Toms Wagen das Zeitliche gesegnet."

„Ich weiß ja, wer es sagt", rief Tom. „Immerhin hat dich diese hübsche Alte schon viele Meilen befördert! Also, mehr Respekt bitte! Sie ist nämlich sehr empfindlich, weißt du!"

„Wär ich auch in dem Alter!"

„Mach nur so weiter, Dudley", sagte Tom streng, „und ich geh nicht mit dir zum Abitur-Picknick! Und was dann?"

„Wahrscheinlich setzt sie sich dann aufs Fahrrad und gondelt zur alten Brücke", sagte Hanna, während sie sich zwischen den beiden vorbeugte. „Ich bin ihr da vorgestern begegnet, als sie gerade vom Hafen zurückkam, in einer ganz mysteriösen Verfassung, muß ich schon sagen! Also los, Dud, erzähl schon, was ist da eigentlich passiert?"

Ohne sagen zu können, warum, wurde Dudley rot. „Nichts weiter, Hanna. Der Hund von so einem alten Fischer hat mich naßgespritzt. Ich hab es dir doch schon erzählt."

Tom steuerte den Wagen die holprige und kurvenreiche Straße entlang, die zur neuen Brücke führte. Bei einem Wiesenhügel hielt er und zog die Handbremse. Die Klassenkameraden warteten bereits auf sie.

„Was war los, Tom?" rief Fletcher Hicks. „Haben die Mädchen dich herschieben müssen?"

„Nun mach mal halblang, Fletch!" antwortete er grinsend und tätschelte den Kotflügel seines Wagens. „Nicht Raserei, sondern Bequemlichkeit ist seine Stärke."

„Meine auch", flüsterte Hanna Dudley zu, und beide brachen in schallendes Gelächter aus.

„Wenn das meinem Wagen galt, will ich es lieber überhört haben", sagte Tom zu ihnen.

„Also, dann wollen wir mal", rief der Lehrer. „An einem solchen Tag werden wir bestimmt eine ganze Menge Material finden." Der Lehrer begab sich auf einen steinigen Pfad, der zu einem glitzernden, von der Flut zurückgelassenen kleinen See hinunterführte.

„Ich schätze, das beste Exemplar läuft uns da voraus", witzelte Fletcher Hicks mit leiser Stimme. „Schon mal solche Beine gesehen?"

„Du bist gemein, Fletcher", sagte Dudley, obwohl sie wie die anderen lachen mußte. Herr Robertson in den Bermuda-Shorts sah mit seinen spindeldürren Beinen und dem schütteren, im Wind wehenden langen Haar selbst wie ein Meerwesen aus.

Mit Fletcher Hicks an der Spitze stolperten die jungen Leute Herrn Robertson nach, den Steilhang hinab. Dudley war die letzte des Zuges. Schrille Schreie und gelegentliche Lachsalven drangen bis zu ihr hin, als sie den Pfad verlassen hatte. Sie lehnte sich an einen Felsblock und blickte auf das offene Meer hinaus. Ein herunterprasselnder Stein erschreckte sie so, daß sie schnell kehrtmachte und dabei fast den Halt verlor. Auf dem Pfad stand Rita Rosetti und beobachtete sie, ohne ein Wort zu sagen.

„Du lieber Himmel, Rita, bin ich jetzt erschrocken!" rief Dudley.

„Sieh mal einer an", sagte Rita, „daß du mich überhaupt bemerkt hast!" Und ohne sich umzusehen, stieg sie den steinigen Pfad weiter hinab. Was hat denn die nur, fragte sich Dudley und stolperte hinter ihr her.

„Das hier ist ein regelrechtes Labor für Meeresforschung", begann Herr Robertson, als Rita und Dudley ankamen. Dudley versuchte sich auf das zu konzentrieren, was er sagte. „Das wär's", schloß er nach wenigen Minuten. „Und nun bitte ich, daß jeder für sich um den See herum Ausschau hält und versucht, möglichst viel zu finden."

Dudley ging allein zur südlichen Seeseite. Sie entdeckte ein paar Seeanemonen und betrachtete sie eingehend. Es waren kleine, pelzige, purpurfarbene Blumen, die an den braunen Felsen dicht unter der klaren Wasseroberfläche blühten. Mit einem Stöckchen berührte sie das Innere eines Blütenkelches, der sich sofort zu einer festen, blassen Knospe um das Stockende schloß. Dudley fröstelte es. Da hörte sie ein in dieser Umgebung so fremd anmutendes Geräusch, daß sie sofort aufblickte. Kaum zwanzig Meter entfernt glitt langsam ein Fischerboot durch das Brackwasser. Und da, die Vorderpfoten auf der Heckreling, stand unverwechselbar Tapato, ihr vierbeiniger Freund, und bellte herüber, als ob er sie erkannt hätte. Zu ihrem Erstaunen stoppte das kleine Boot, und zu dem Hund gesellte sich dessen schwarzhaariger Herr.

„Hallo!" rief er. „Wieder schön trocken geworden? Aber passen Sie bloß auf, sonst fallen diesmal Sie ins Wasser!"

Dudley starrte ihn verlegen schweigend an. Ein verstohlener Blick über die Schulter bestätigte ihr, daß aller Augen aus einer kleinen Entfernung auf sie gerichtet waren.

„Oh, hallo!" antwortete sie leise.

Er winkte ihr kurz zu und zog dann Tapato von der Reling fort. Er hielt einen Fisch in der Hand. „Wir müssen diese hübschen Silberlinge hier in die Konservenfabrik bringen", schrie er und kehrte mit dem Hund in das Steuerhäuschen zurück. Das Boot glitt zwischen den Felsblöcken aus dem Brackwasser heraus, und Dudley schaute ihm nach, bis es hinter der Klippe verschwand. So ließ sich der Augenblick hinauszögern, bis sie sich den andern stellen mußte.

Doch als sie sich umwandte, stand Tom schon hinter ihr.

„Mit wem hast du dich denn da angefreundet?" fragte er verlegen und mit gequältem Lächeln.

„Also, dazu kann ich nur sagen", japste Hanna, nachdem sie sich mühsam zu ihnen durchgekämpft hatte, „wenn das der alte Fischer war, von dem du mir erzählt hast, dann hoff ich bloß, daß er für mich noch einen Freund hat, und zwar genau so einen zittrigen."

„Ist ja interessant!" rief Fletcher vom Ende des Pfades her. „Sieht ganz so aus, als ob Dudley hier schon mal war und ein ganz besonderes Exemplar aufgetan hat!"

Sie wurde puterrot. Das würde jetzt durch die ganze Schule gehen, vor allem, weil Fletcher die Klatschspalte in der Schülerzeitung „Shamrocks junges Gemüse" schrieb. Sie wußte einfach nichts darauf zu sagen. Also wandte sie sich von Tom und Fletcher ab, um sich mit irgend etwas zu beschäftigen, nur nicht mit dem, was eben geschehen war. Ihr Blick fiel auf Rita, die sie so merkwürdig ansah, daß Dudley noch mehr außer Fassung geriet.

„Wir müssen aufbrechen", rief Herr Robertson. „Die Flut beginnt zu steigen. Fünfhundert Worte erwarte ich von jedem über das, was ihr hier entdeckt habt."

„Wetten, daß du es auf mehr als fünfhundert Worte bringst?" sagte Hanna mit Verschwörermiene, als sie ein Stück hinter den andern hinaufkraxelten.

Dudley schwieg.

„Also, mir gefällt der Bursche nicht", sagte Tom, als er die Hand ausstreckte und Dudley hinaufzog.

Sie stiegen in Toms alten Wagen, und ausnahmsweise waren alle drei einmal ganz still. Dudley saß auf der äußersten Kante des Vordersitzes und starrte zum Fenster hinaus auf die Stockrosen und die jungen Bäume im hohen Gras. Als Tom schließlich zur Autobahn abbog, blickte sie über die Schulter zurück. Ein oder zwei Lichter blinkten schon vom Kai herüber, der im dunklen Schatten der Klippe lag. Eine andere Welt, dachte Dudley, drehte sich um und rückte ein wenig näher zu Tom hin. Und eine Welt, von der weit mehr sie trennte als die Felsen, das Wasser und der Strand dort tief unten.

Tom langte herüber, nahm ihre Hand und hielt sie zunächst locker. Als er mit seinen starken, braungebrannten Fingern drückte, sah sie ihn an und lächelte. Dann wich sie jedoch seinem warmen Blick aus, zog sacht ihre Hand zurück und sah wieder zum Fenster hinaus. Warum bedeutet mir das nur so wenig, dachte sie.

„Nach Hause begleiten — ich weiß nicht recht", sagte sie leise. „Ich kenne Sie doch gar nicht."

Am folgenden Samstag bedeckten schwere graue Wolken den Himmel, und in regelmäßigen Abständen sandte das Nebelhorn seinen klagenden Warnruf für die vorüberziehenden Schiffe aus. Dudley beugte sich über den Küchentisch und goß ihrem Vater die zweite Tasse Kaffee ein. Sie machte ein finsteres Gesicht, als sie sich ihm gegenübersetzte.

„Also, deine Reaktion ist nicht eben schmeichelhaft, gelinde gesagt", begann sie. Ihr Vater stellte die Tasse hin und räusperte sich.

„Es ist auch gar nicht meine Absicht, dir zu schmeicheln, Dudley", antwortete er. „Ich muß dir ganz offen sagen, dein Entschluß, in Shamrock zu bleiben — nun ja, er ist eine Enttäuschung für mich."

„Wieso?" fragte sie und zeichnete mit der Gabel ein Muster auf die weiße Tischdecke. „Das versteh ich einfach nicht." Sie furchte die Stirn. Da hatte sie nun gedacht, er würde sich freuen, daß sie hierbleiben wollte. Schließlich war sie doch hauptsächlich seinetwegen dazu entschlossen. So hatte sie sich die Unterredung wirklich nicht vorgestellt. Wie zwei Fremde saßen sie da, ein gutaussehender grauhaariger Mann und ein junges Mädchen in einem weiß und rot gestreiften Morgenmantel, die nicht so miteinander sprachen, wie sie es sonst immer taten. Eine Kluft hatte sich plötzlich zwischen ihnen aufgetan.

Er holte tief Luft und sah sie kurz an. „Ich will versuchen, es dir zu erklären", antwortete er ruhig. „Mir scheint, dein

Wunsch, nach der Schulentlassung hier zu bleiben, kann zweierlei Gründe haben: Entweder hast du Angst – was vollkommen verständlich und in Ordnung wäre –, du gestehst es dir aber nicht ein, und das wäre nicht in Ordnung. Oder du bist ganz einfach noch nicht reif genug, um zu begreifen, daß du mal hier raus mußt ..."

„Mußt –", unterbrach Dudley ihn, aber ihr Vater fuhr fort, als hätte sie nichts gesagt.

„Nichts bleibt für immer, wie es ist, kleine Dame", sagte er und gebrauchte unwillkürlich den Kosenamen, den er ihr schon als kleines Mädchen gegeben hatte. „Jede Situation ändert und entwickelt sich." Er stand auf und ging zum Fenster, um in den grauen Tag hinauszublicken. „Genauso ist es mit den Menschen." Dudley begriff zwar nicht, worauf er hinauswollte, aber sie konnte ihr aufwallendes Mitleid nicht unterdrücken beim Anblick seiner müde hängenden Schultern.

„Veränderung ist notwendig, Dudley. Sie gehört zum Erwachsenwerden und zum Leben überhaupt. Und du mußt dich damit auseinandersetzen und das akzeptieren. Sonst bleibst du ewig ein kleines Mädchen." Er drehte sich um, und seine forschenden blauen Augen suchten ihren Blick.

Sie betrachtete angelegentlich die Spur, die sie mit der Gabel auf dem Tischtuch gezogen hatte. „Das hört sich ja an, als ob du mich nicht mehr um dich haben wolltest!" sagte sie eigensinnig und mit unnatürlicher Stimme. Sie blickte auf und funkelte ihn an. „Also, erstens weiß ich, warst du enttäuscht, daß ich kein Junge geworden bin. Und ..."

„Dudley!" unterbrach er sie fast entrüstet. „Ich bin nicht enttäuscht, daß du ein Mädchen bist, und war es nie. Ich bin aber enttäuscht, daß du um jeden Preis ein kleines Mädchen bleiben willst."

Ihr Vater blickte sie einen Moment an, ehe er fortfuhr: „Du müßtest doch eigentlich ganz aus dem Häuschen sein, daß die von der Kunst-Akademie dich für begabt halten!"

„Was brauch ich die!" versetzte Dudley hartnäckig. „Man braucht keine Akademie, um Künstler zu werden. Meine Zeichenlehrerin McPherson hat gerade erst gesagt, ich sei das größte Talent, das sie je am Gymnasium in Shamrock gehabt haben!" Zu Dudleys Überraschung veränderte sich der Gesichtsausdruck ihres Vaters irgendwie.

„Helen McPherson mag ja recht haben", sagte er. „Nur gibt es keinen noch so begabten Menschen, der sich nicht einer gewissen Ausbildung und Schulung unterzogen hätte, um sein Talent zur Entfaltung zu bringen." Er schwieg, und Dudley wußte, daß er zu ihr herabsah. Sie weigerte sich aber, den Kopf zu heben und ihm in die Augen zu sehen. Warum bloß dieser ganze Streit, dachte sie.

„Ich muß jetzt gehen", hörte sie ihn schließlich sagen. „Ich muß vor der Sprechstunde noch Visite in der Klinik und Krankenbesuche machen. Sprechen wir später weiter. Du brauchst einstweilen ja nichts weiter zu tun, als den Empfang des Briefes von der Kunst-Akademie höflich zu bestätigen, und wir haben dann drei Monate Zeit, die Anmeldeformulare auszufüllen. Willst du inzwischen ein bißchen über das nachdenken, was ich dir gesagt habe, Dudley?" Er blieb noch einen Moment stehen, und sie spürte, daß sein Blick auf ihr ruhte.

Sie gab keine Antwort und hielt ihm auch nicht die Wange zum Kuß hin, als er im Vorbeigehen an ihrem Stuhl zögerte. Sie sah nicht auf, bis seine Schritte sich entfernten und sie das Schließen der Haustür hörte. Sie fühlte sich ganz elend. Noch nie war sie mit ihrem Vater so uneinig gewesen, noch niemals!

Sie stand auf, stellte das Geschirr ins Abwaschbecken für Frau Mohr, die es später spülen würde, und ging kurz ans Fenster, um hinauszusehen, so wie es ihr Vater vorher getan hatte. Je länger sie grollend die Fichten anschaute, desto fester wurde ihr Entschluß. Es ist das einzig Richtige für mich, dachte sie, als sie zum Küchentisch zurückkehrte, so wie das Jurastudium für Tom und die Ausbildung als Krankenschwester für Hanna das Richtige ist. Für mich ist eben zu Hause zu bleiben das Richtige! Sie riß ein Blatt vom Block neben dem Telefon, stützte das Kinn in die Hand und beschloß, den Speiseplan für die kommende Woche aufzustellen und sich zu notieren, was sie beim Fleischer und im Lebensmittelgeschäft besorgen mußte. Das andere Thema war für sie erledigt.

Der kühle Seewind fegte Dudley ins Gesicht und durchs Haar, als sie wenig später hinunter in die Stadt ging. Sie schlug den Kragen ihres dicken, weißen Pullovers hoch, als sie an der Presbyterianer-Kirche in die Hauptstraße einbog. An der zugigen Ecke blieb sie einen Moment stehen, um sich Shamrocks Geschäftsviertel anzusehen: zwei kurze Häuserblocks, verwitterte, mit Schindeln gedeckte Gebäude, die fast alle eine vorgetäuschte eckige Fassade hatten, um die altmodischen Spitzgiebel zu verbergen. Eine Skizze aus eben dieser Perspektive war es gewesen, die Fräulein McPherson dazu gebracht hatte, sich besonders für sie zu interessieren. Und nun mein Vater auch noch, dachte Dudley verbissen, als ihre Gedanken zu dem Gespräch am Morgen zurückkehrten. Meine Lehrerin, meine Freunde und jetzt auch noch mein eigener Vater, alle wollen sie mich einwickeln wie ein Geschenkpaket und mich an so eine blöde Akademie schicken, wo ich die nächsten vier Jahre Äpfel und Weinflaschen abmalen kann. Sie schüttelte den Kopf. Ihre Laune besserte sich jedoch, als sie Androttis Fleischerladen betrat. Die Falten auf ihrer Stirn verschwanden.

Sie schnupperte und sog den würzigen Duft ein. „Ich möchte bloß wissen, was hier immer so gut riecht", sagte sie, als sie an den hohen, glasverkleideten Ladentisch trat, hinter dem Herr Androtti stand und sie anlächelte.

„Kann nur die Bologna sein, Dudley, ha?" Und er nahm einen der riesigen, rosafarbenen Rollschinken aus der Auslage, schnitt eine dicke Scheibe herunter und reichte sie ihr.

„Vielen Dank", sagte sie und nahm die Kostprobe mit der gleichen Ernsthaftigkeit entgegen wie immer, solange sie denken konnte. Sie biß herzhaft in das scharfgewürzte Fleisch, als sich eine andere Stimme meldete.

„Na, Victor! Man muß wohl blaue Augen und braunes Haar haben, um so was geschenkt zu kriegen?" Überrascht sah Dudley den jungen Fischer, der vom Boot aus zu ihr herübergerufen hatte, neben Herrn Androtti hinter dem Ladentisch stehen.

„Sie stellen mir wohl nach?" platzte sie mit dem Gedanken heraus, der ihr als erstes durch den Kopf geschossen war.

„Genau das wollte ich Sie auch fragen." Seine dunklen Augen blitzten vor Vergnügen.

„Nanu, Rocco?" fragte Herr Androtti. „Ihr kennt euch?"

„Nicht eigentlich", antwortete er. „Wir haben nur einen gemeinsamen Freund, meinen Hund Tapato." Dudley lächelte.

„Na, dann laßt mich die Vorstellung übernehmen", sagte Herr Androtti. „Dudley, das ist Rocco Gambrini. Er befindet sich jetzt genau einen Monat auf amerikanischem Boden. Rocco, das ist Fräulein Dudley Anson." Der Junge machte eine tiefe Verbeugung, und Dudley vergaß all ihre guten Manieren und starrte ihn nur an. Wo gab es denn so was, der verbeugte sich – noch dazu in schäbiger Arbeitskluft und mitten in einem Fleischerladen! Sie nickte leicht mit dem Kopf. „Ihr Vater ist Dr. Anson", sagte Herr Androtti zu Rocco. „Der tüchtige Arzt, der deinen Onkel operiert hat. Ein großartiger Mensch ist das!" Rocco streifte Dudley mit flüchtigem Blick und sah dann zum Kühlraum hinüber.

„Was ist, Victor?" fragte er. „Reicht dir das für eine Woche? Onkel hat nicht gesagt, wieviele Fische es sein sollten."

„Ist schon gut, Rocco. Das langt bestimmt, bis du wiederkommst. Wie geht es Guido eigentlich?"

„Der erholt sich prima", antwortete Rocco. „Bei einem solchen Arzt!"

„Hier hab ich aufgeschrieben, was wir diese Woche brauchen", sagte Dudley schnell und schob Herrn Androtti den Zettel über den Ladentisch. „Würden Sie es bitte schicken?"

„Aber selbstverständlich, Dudley. Genau wie immer."

Sie wandte sich zur Tür, und bevor sie sich fragen konnte, warum sie so Herzklopfen hatte, kam Rocco Gambrini um den Ladentisch herum.

„Darf ich Sie nach Hause begleiten?" Sie blieb stehen, sah ihn an und wurde rot.

„Ja" – ihr Blick wanderte von Roccos fragendem zu Herrn Androttis offensichtlich amüsiertem Gesicht – „ich weiß nicht recht", sagte sie leise, „ich kenne Sie doch gar nicht."

„Natürlich nicht!" rief er und ging, um ihr die Schwingtür aufzuhalten. „Das ist es ja gerade. Wird Zeit, daß Sie mich endlich kennenlernen!" Sie trat mit ihm auf die Straße hinaus und genierte sich ein bißchen neben diesem hochgewachsenen Jungen. Schnell blickte sie die Straße rauf und runter. Wenn nun jemand sie sah? Ach was, dachte sie dann, wenn schon! Verstohlen musterte sie ihn und fand wieder, daß er so – anders war. Natürlich, er sah sehr gut aus, nur glich er überhaupt nicht den Jungen vom Gymnasium in Shamrock. Er war eben ein Ausländer.

„Wie geht es Tapato?" fragte sie nach einer Weile, weil ihr nichts anderes einfiel.

„Dem geht's gut, und er läßt Sie auch ganz feucht grüßen", antwortete er.

„Was bedeutet Tapato eigentlich?" fragte sie, als sie die Ecke an der Kirche erreichten. Sie warf einen ängstlichen Blick in die Shamrock-Allee, aber die breite Straße, die den Berg hinaufführte, war ruhig und leer.

„Es ist von einem Wort abgeleitet, das im Italienischen so was wie ‚Bettvorleger' heißt", erklärte er ihr. „Der Name paßt zu ihm, das kann man wohl sagen." Dudleys Nervosität legte sich, nachdem sie festgestellt hatte, daß niemand sie beobachtete. Sie sah ihn neugierig an.

„Wo stammen Sie eigentlich her?" fragte sie plötzlich. „Sie sprechen besser Englisch als die meisten meiner Freunde, und doch –" Sie unterbrach sich. Beinahe hätte sie gesagt: „Und doch sind Sie nur ein Fischer." Statt dessen beendete sie den Satz irgendwie lahm mit: „haben Sie einen ziemlichen Akzent."

„Ich hab mein Englisch zu Hause gelernt", sagte er. „Mein Vater ist in San Francisco geboren und ging als junger Mann nach Italien zurück. Wir haben zu Hause beides gesprochen, Englisch und Italienisch."

„Ah so", sagte Dudley. Und dann: „Sie helfen Ihrem Onkel beim . . . äh, Fischen?"

„Deshalb bin ich ja hier", antwortete er, während sie langsam die Shamrock-Allee hinaufwanderten. „Als mein Onkel operiert werden mußte, konnte mein Vetter nicht helfen, weil er gerade seinen Militärdienst leistet. Niemand war da, der einspringen konnte, nur ich. Bei uns Italienern ist das eben so. Bei uns geht die Familie über alles. Außerdem wollte ich schon lange mal hierher. Wegen der Operation meines Onkels ist es nur schneller gegangen. Das ist alles."

Er nahm ihren Arm, als sie zur Kreuzung kamen. „Auf amerikanischen Straßen braucht man Sie vielleicht nicht zu beschützen", sagte er, „aber in Italien, diese Vespas auf den Straßen. Sie schwirren wirklich überall herum wie die Wespen!" Er blickte zu ihr hinunter und sah ihr so lange ins Gesicht, bis Dudley ganz verlegen wurde. „Sie sind das erste amerikanische Mädchen, mit dem ich bisher gesprochen habe", sagte er. „Zu Hause in Rom und Santa Felice hab ich natürlich schon Amerikanerinnen gesehen, aber noch nie mit einer geredet. Gehen Sie noch zur Schule? War das Ihre Klasse vorige Woche, als ich Sie gesehen habe?" Dudley nickte.

„In sechs Wochen hab ich das Gymnasium hinter mir", sagte sie.

„Und dann?" fragte er. „Anschließend geht's wohl auf eine große Universität, um zu lernen, wie man sich einen reichen Mann angelt?" Dudley sah ihn stirnrunzelnd an.

„Wieso setzt das eigentlich jeder Mensch voraus?" sagte sie ärgerlich. Sie dachte an die Auseinandersetzung mit ihrem Vater heute morgen. „Ich werde genau hier in Shamrock bleiben", fuhr sie fort, „und ein berühmtes Wahrzeichen werden wie – wie das alte Bootswrack im Hafen unten."

„Keine großen Ambitionen für so ein hübsches, kleines Mädchen!" war sein Kommentar.

„Ich bin kein kleines Mädchen!" brauste sie auf und kämpfte gegen die Versuchung an, mit dem Fuß aufzustampfen.

„Aber hübsch schon, wie?" sagte er und grinste.

„Das hab ich damit nicht sagen wollen", begann Dudley, mußte dann aber lächeln, als sie merkte, daß er sie nur aufzog.

„Übrigens, dort wohne ich." Er warf einen flüchtigen Blick hinüber zu dem Haus auf der kleinen Anhöhe.

„Sehr hübsch." Sie gingen über die Straße, und er blieb vor dem Gartentor stehen.

„Vielen Dank, daß ich Sie heimbringen durfte", sagte er mit einer knappen Verbeugung. Dudley, die nicht wußte, was sie darauf antworten sollte, schwieg. Wollte er sie denn nicht fragen, ob sie sich wiedersehen könnten, wie es jeder amerikanische Junge getan hätte? Ja, und wenn, was um alles in der Welt sollte sie dann antworten? „Kommen Sie", sagte er, „ich bring Sie noch bis zur Haustür." Er öffnete die Gartenpforte, und sie gingen hinauf zur Veranda.

„Schon zurück, Dudley?" fragte Frau Mohr. „Wo sind die Lebensmittel? Dein Vater hat Dr. James zum Essen mitgebracht, und ich brauch sie dringend!"

Dudley schlug sich die Hand an den Mund. Das hatte sie ja völlig vergessen, nachdem Rocco Gambrini auf der Bildfläche erschienen war.

„O je . . ." Da merkte sie, daß Frau Mohr ihren Begleiter befremdet ansah. „Das ist Rocco Gambrini", sagte sie hastig. „Ich hab ihn . . . Herr Androtti hat ihn mir vorgestellt", brachte sie noch verwirrt heraus. Frau Mohr fixierte ihn mit kühler Gründlichkeit von Kopf bis Fuß. Ein Blick war das, mit dem sie sich sein Gesicht sowie seinen Aufzug einzuprägen und gleichzeitig seinen Charakter zu durchleuchten schien.

„Ich helfe meinem Onkel auf seinem Fischerboot", sagte Rocco und hielt ihrer Musterung erhobenen Hauptes stand. Da sah Dudley durch die Glasfüllung der Flügeltür ihren Vater und dessen Freund Dr. James aus der Praxis kommen und ins Wohnzimmer gehen.

„Tut mir leid, daß ich die Sachen vergessen hab!" murmelte sie verlegen.

„Dann muß ich eben Eierkuchen machen", sagte Frau Mohr und sah Rocco eisig an. Nun stand auch noch Dr. Anson in der Tür.

„Was gibt's denn, Frau Mohr?" fragte er und setzte mit einem Blick auf Dudley verschmitzt hinzu: „Hat die junge Dame Sie geärgert?"

Dudley lächelte bei seinem durchsichtigen Versuch, die Differenzen vom Morgen zu überspielen.

„Vati", begann sie, „das ist Rocco Gambrini. Er . . . äh . . . hat mich von Androtti heimbegleitet. Rocco, das ist Dr. Anson, mein Vater."

„Ich werd mich dann ja jetzt wohl an die Eierkuchen machen", brummte Frau Mohr und ging ins Haus.

„Freut mich", sagte Dr. Anson und gab Rocco die Hand. „Sie sind einer der wenigen Freunde von Dudley, die ich nicht kenne."

„Aber er ist doch nicht —", begann Dudley, brach dann aber jäh ab. Rocco schüttelte Dr. Ansons Hand. „Guten Tag, Herr Doktor. Ich freu mich, bei dieser Gelegenheit den Arzt meines Onkels kennenzulernen."

„Oh, Gambrini, ja", sagte Dr. Anson freundlich. „Er ist einer meiner liebsten Patienten." Ein fragender Blick streifte Dudley.

„Ich muß mich jetzt verabschieden", sagte Rocco. „Auf dem Boot gibt's noch 'ne Menge Arbeit, mein Onkel kann ja noch nicht allzuviel tun. Hat mich sehr gefreut, Sie kennenzulernen, Herr Doktor", sagte er. Dr. Anson grüßte kurz und freundlich und schloß die Haustür leise hinter sich. Dudley stand wie angewurzelt auf der Veranda und sah Rocco an. Zum ersten Mal, seit sie ihm begegnet war, hatte er keinen Schalk in den Augen.

„Und Sie auch, Dudley", sagte er ernst. „Schön, daß wir uns kennengelernt haben." Sie sah ihn immer noch an, ohne ein Wort zu sagen. Er drehte sich um und ging die Stufen hinunter. „Das Boot läuft für eine Woche aus", sagte er über die Schulter hinweg. „Vielleicht sehen wir uns mal wieder. Auf Wiedersehen. A rivederci." Er sprang die Steinstufen zum Gartentor hinab.

„Rocco —"

Er drehte sich um. Dudley wußte nicht, wie sie fortfahren sollte. Die Sonne drang kurz durch die Hochnebelschwaden. Sein schwarzes Haar glänzte in ihrem fahlen Licht, als er stehenblieb und zu ihr zurückschaute.

„Wollen Sie mich wiedersehen?" fragte er schließlich und sah sie immer noch ernst an. „Nächsten Sonntag bin ich wieder zurück. Ich ruf Sie an, sobald es geht." Er wandte sich um und sprang die letzten Stufen hinunter.

Als sie das Zuschlagen der Gartentür hörte, ließ sich Dudley auf die oberste Stufe der Veranda fallen. Was hab ich da bloß gemacht? dachte sie. Wie kann ich mich mit jemand verabreden, der so anders ist, so völlig anders als ich? Und was wird Tom denken? Bei dem Gedanken an Tom schaltete sie plötzlich. Nächsten Sonntag, am letzten Sonntag im April, fand das traditionelle Picknick der Abiturklasse statt!

> „Er ist aber bloß Fischer",
> murmelte Dudley. „Und
> außerdem — außerdem ist
> er ein Makkaroni."

Gleich darauf schämte sich Dudley, daß sie diesen herabsetzenden Ausdruck für den jungen Italiener gebraucht hatte. Sie saß auf den Stufen zum Gymnasium von Shamrock und betrachtete eingehend die Spitzen ihrer leuchtend orangefarbenen Cordschuhe, als stünde dort die Antwort auf all ihre Probleme. Was sollte sie bloß machen? Wie viele Mädchen in der Schule hatten ihr schon scheinbar verzweifelt vorgejammert, zwei Verabredungen für den gleichen Tag getroffen zu haben, aber Dudley war im geheimen immer fest davon überzeugt gewesen, daß sie es in Wirklichkeit genossen. Nun befand sie sich in der gleichen Lage, und es war alles andere als ein Vergnügen. Sie hatte keine Ahnung, was sie tun sollte. Sie konnte nicht einmal Rocco Gambrini anrufen und ihm absagen.

„Warum denn so ernst?" fragte jemand, und als sie aufblickte, sah sie Hanna, Tom, Fletcher Hicks, Penny Holloway und Frank Rosetti auf sich zukommen.

„Ohne Grund", antwortete sie abwesend. „Ich denk bloß nach." Tom setzte sich neben sie, während die anderen grinsend um sie herumstanden. „Hallo, Frank", redete sie weiter und wunderte sich gleichzeitig, warum sie gerade ihn besonders begrüßte, dann fuhr sie fort: „Das war ja ein tolles Spiel letzten Samstag."

Frank machte große Augen. „Du bist also neuerdings ein Sportfan geworden und ein kritischer dazu?"

„Aber . . .", setzte sie verwirrt an. Sie war immer noch mit ihren Problemen beschäftigt und hatte doch nur so dahergeredet, was ihr gerade eingefallen war. Das Spiel hatte sie gar nicht gesehen.

„Wir haben nämlich haushoch verloren am letzten Samstag", erklärte Fletcher mit übertriebener Geduld. „Vor allem, weil unser Star hier so einen schlechten Tag erwischt hatte."

„Oh", sagte Dudley.

„Aber wir haben bestimmt ein glänzendes Comeback", fuhr er fort.

„Laß sie doch in Ruhe, Fletch", sagte Frank. „Dudley hat anscheinend andere Sorgen."

„Ach!" rief Fletcher und blickte über Dudley hinweg. „Da kommt ja unser lebendes Bücherregal."

„Und die laß auch in Ruh", sagte Frank. Seine Zwillingsschwester Rita rückte einen Stapel Bücher zurecht, den sie im Arm trug, sah ihren Bruder und die übrigen ungnädig an.

„He, Rita", rief Hanna, „warum hast du's denn so eilig?"

„Das ,lebende Bücherregal' muß das hier in die Bibliothek zurückbringen!" gab Rita zur Antwort.

„Brauchst du Hilfe?" fragte Frank.

„Deine nicht, Frank", erklärte sie knapp. „Laß dich nur nicht stören in der Unterhaltung mit deinen Freunden!" Frank schlug den Kragen hoch, als sei plötzlich ein kalter Wind aufgekommen. Alle lachten, nur seine Schwester nicht. Sie ging weiter und verschwand im Schulhaus.

„Brrr!" sagte Penny und klapperte mit den Zähnen. „Ich glaube, das Thermometer ist plötzlich unter Null gesunken."

„Kaum zu glauben", sagte Dudley leise zu Hanna, „daß Zwillinge so verschieden sein können."

„He, Francisco!" schrie jemand. „Francisco Rosetti! Blöder Makkaroni, du, warum haast du so schläächt gespielt letzten Samstag?" Es war Karlo Johnson, der Franks italienischen Akzent nachzuahmen versuchte.

Frank brüllte: „Johnson, du reingeschneiter Nordländer mit 'nem Gesicht wie'n Briefkasten! Wir hätten schon gewonnen, hättest du mich nicht so im Stich gelassen!"

„Nu spinn man nich", gröhlte Karlo, kam auf Frank zu und boxte ihn in den Rücken.

„Nächsten Samstag ich bin wieder bäässer, ha?" übertrieb Frank seinen Akzent, und einander puffend gingen beide ins Schulhaus.

Dudley versuchte ihr Unbehagen zu unterdrücken. Zwar hatten sich die beiden hier auf der Treppe schon oft so aufgezogen und angebrüllt, aber heute hatte diese Rangelei ihr unvermutet einen Stich gegeben.

„Was ist los mit dir, Fletcher?" fragte Hanna plötzlich. „Du siehst aus wie eine Katze, die gerade einen Kanarienvogel verdrückt hat."

„Hast du deine Nummer vom ‚Jungen Gemüse' schon?" wandte sich Fletcher an Dudley, ohne auf Hannas Frage einzugehen.

„Nein." Tom reichte ihr schweigend ein Exemplar der Schülerzeitung. Sie schlug sofort Fletchers Klatschspalte auf, obgleich ihr schon schwante, was darin stand.

„Das stimmt, in den naturwissenschaftlichen Fächern hat sie sich nie besonders hervorgetan", begann der erste Absatz, „aber in Biologie neulich, in der Meereskunde, war Dudley Anson recht erfolgreich. Doch wie ist das eigentlich, Dudley? Er mag ja ein besonders hübsches Exemplar sein, aber wirst du dich je an den Fischgeruch gewöhnen können?" Dudley sah Fletcher an und wurde puterrot.

„Du – du weißt ja nicht, wovon du redest, Fletcher."

„Das finde ich auch, Dudley", kam Tom ihr zu Hilfe. „Mach dir da nichts draus."

„Vielleicht habt ihr recht", sagte Fletcher, „aber das ist ein ganz verdächtiges Rot, das du da trägst, Dudley!"

„Laß sie in Ruhe, Fletcher", sagte Tom mit scharfer Stimme. Dudley warf ihm einen schnellen Blick zu, nicht sicher, ob er für sie eintrat oder nur ärgerlich darüber war, daß ihr Name in Verbindung mit einem anderen in der Schülerzeitung stand.

„Wißt ihr schon, wo diesmal das Abiturklassen-Picknick stattfindet?" Hanna schnitt eilig ein anderes Thema an.

„Nicht am Strand dieses Jahr?" fragte Penny Holloway.

„Du weißt ja nicht, wovon du redest!"

„Nein. Das Komitee hat beschlossen, mit der Bahn ins Vorgebirge an den Shamrock-Fluß zu fahren. Da ist um diese Zeit viel besseres Wetter."

„Wir dürfen sogar den Pfadfinderplatz benutzen", fuhr Hanna fort. „Das ist gar nicht weit von eurem Grundstück, Dudley. Auf den Zeltböden dort kann man sogar tanzen. Das wird bestimmt das schönste Abitur-Picknick, das es je gab."

„Wann geht denn der Zug?" fragte Tom.

„Ziemlich früh schon, so gegen acht."

„Meinst du, das wirst du rechtzeitig schaffen, Dudley", fragte Tom lächelnd.

„Ich . . .", begann Dudley, und es war ihr sichtlich unangenehm, „ich . . . ich glaube nicht, daß ich mitkommen kann, Tom."

„Nanu?" rief Fletcher und war plötzlich hellwach. Dudley sah ihn beinahe verächtlich an. Er hatte einen absolut sicheren Instinkt in diesen Dingen. Sie warf Tom einen Blick zu, und sein Lächeln war wie weggewischt. Da entdeckte sie Fräulein McPherson hinter ihm, die mit einer dicken Aktenmappe unter dem Arm anstolziert kam.

„Ach, Fräulein Mc Pherson!" rief Dudley, als hätten sie sich seit Jahren nicht mehr gesehen. „Wie geht es Ihnen denn?"

„Danke, gut!" antwortete die Lehrerin freundlich und blieb einen Augenblick bei den jungen Leuten stehen. „An meiner Gesundheit hat sich gottlob nichts geändert, seit ich dir heute morgen auf dem Schulweg begegnet bin." Dudley wurde noch röter, als alle loslachten. „Könntest du mal bei mir vorbeischauen, wenn du Zeit hast, Dudley?" fuhr sie fort. „Ich habe etwas ganz Wichtiges mit dir zu besprechen." Dann ging sie weiter die Stufen hinauf und ins Schulgebäude. Dudley hatte kaum hingehört. Tom stand auf. Dudley sah ihn an, und er lächelte nicht.

„Also, was ist, Dudley?" fragte er, und sein Tonfall war bedeutend ernster als seine Worte. „Meinst du, das wirst du rechtzeitig schaffen am Sonntag?" Sie stand ebenfalls langsam auf.

„Können wir darüber nicht später reden?"

„Warum denn nicht gleich?"

„Tom, das ganze Wochenende hab ich überlegt, wie ich dir das erklären soll. Ich bin in einer furchtbaren Klemme", sagte sie. Sie warf einen flüchtigen Blick auf Hanna, die sie neugierig ansah. „Ich will dir die Wahrheit sagen, ich hab eine andere Verabredung und kann . . . kann ihn nicht erreichen, um abzusagen."

„Eine andere Verabredung?" fragte Tom, als hätte er sie nicht recht verstanden.

„Ich kann mir schon denken, wer es ist", sagte Fletcher. „Wetten, daß es das Meeresungeheuer höchstpersönlich ist?"

„Du halt den Mund, Fletcher", fauchte sie ihn an, und dann, leider zu spät, begriff sie, daß ihr Ton sie verraten hatte.

„Na schön", sagte Tom kühl. „Und jetzt entschuldige mich bitte, ich muß mir vor der Stunde noch was aus meinem Spind holen." Er sprang schnell die Treppe hinauf und verschwand im Schulhaus.

„Na, na, na", feixte Fletcher, „dieser zugereiste Wassermann muß es schon in sich haben, wenn du Tom seinetwegen sitzen läßt!"

„Hör mal, Fletcher", sagte Hanna bestimmt, „mußt du nicht schnell noch dein Messer oder so schleifen? Es würde doch gar nicht zu dir passen, wenn du deinem nächsten Opfer eine stumpfe Klinge in den Rücken jagen würdest!"

„Okay, okay, Hanna", sagte er. „Ich versteh schon den Wink mit dem Zaunpfahl." Aber er drehte sich noch einmal zu Dudley um. „Wie heißt der Kerl eigentlich?" Seine Augen wurden schmal. „Oder weißt du das etwa gar nicht?" Dudley nahm gereizt die Herausforderung an.

„Selbstverständlich weiß ich das", erwiderte sie leise. „Er heißt Rocco Gambrini."

„Mach keine Witze!" lachte Fletcher und zog Penny am Arm mit sich die Treppe hoch. „Das soll ein Name sein?" sagte er mit überlauter Stimme zu Penny. „Klingt eher wie das Hauptgericht in einem italienischen Restaurant."

Das Läuten der Schulglocke verschlang den Rest seiner Worte. Dudley sah Hanna unglücklich an. „Warum ist er bloß immer so?"

„Ich glaube, weil er dich im Grunde mag", sagte Hanna. „Er ist . . . , ach was, du mußt ihn ja nicht mehr lange ertragen. Und mach dir keine Sorgen", fügte sie hinzu, hakte Dudley ein und zog sie halb die Treppe hoch, „Tom wird sich schon wieder beruhigen."

Dudley ging schweigend neben ihr den Korridor entlang. Das glaub ich nicht, dachte sie, nachdem ich ihn so vor allen blamiert habe!

Sie betraten die Klasse, und Dudley eilte schnell auf ihren Platz. Das sind nun die letzten Wochen der Schulzeit, wahrscheinlich die schönsten meines ganzen Lebens, dachte sie, und ich hab mir alles gründlich verdorben!

Am folgenden Samstag hatte Dudley gerade die letzten flatternden Bettücher an die Wäscheleine geklammert, als sie Hannas Stimme hinter sich hörte.

„Kann ich dich eine Minute sprechen, Dudley?" fragte Hanna und war ganz ernst. „Ich bin extra deshalb vorbeigekommen."

„Aber klar, komm mit in mein Zimmer." Sie gingen zusammen ins Haus, und Dudley schloß die Tür hinter sich, damit der Lärm von Frau Mohrs Staubsauger sie nicht störte. „Also, wo brennt's?"

Hanna ging unruhig im Zimmer auf und ab und setzte sich schließlich. „Alte Erbstücke sind mir eigentlich ein Greuel", begann sie. „Immer hab ich in den abgelegten Sachen meiner Schwester zur Schule gehen müssen, so daß mich die Lehrer ständig mit ihr verwechselten und mich mit ihrem Namen aufriefen. Puh . . . hab ich die alten Erbstücke dickgehabt." Die braunen Augen in Hannas rundem, gerötetem Gesicht waren ernst auf ihre Freundin gerichtet. „Ich drück mich nicht sehr klar aus, wie?"

„Na ja, ich glaube aber doch, ich weiß schon, was du mir beibringen willst. Hat Tom dich gebeten, mit ihm zum Picknick zu fahren?" fragte sie leise.

„Ja!" platzte Hanna sichtlich erleichtert heraus. „Die abgelegten Sachen von meiner Schwester hab ich dickgehabt, aber –

„Erbstücke sind mir ein Greuel", sagte Hanna freimütig

na ja, wahrscheinlich hast du schon lange gemerkt, daß Tom mir nicht gleichgültig ist. Nur, ich mußte es dir vorher sagen, daß ich mit ihm zum Picknick fahre."

„Ist ja bestens, Hanna", sagte Dudley, und ihre Stimme klang ganz dünn. Bestens? dachte sie. Wenn ich das nur wüßte.

„Mein Gott, bin ich froh!" rief Hanna und sprang auf. „Jetzt muß ich aber lossausen, ich will noch runter ins Shamrock-Warenhaus und gucken, ob die da was für eine modebewußte Vollschlanke haben, die sich für ein Picknick schickmachen möchte." Dudley mußte trotz ihrer gemischten Gefühle lächeln. Wenn Hanna so selig war, mit ihren leuchtenden Augen und den geröteten Wangen, sah sie wirklich hübsch aus. Tatsächlich, dachte Dudley, als sie sich Hanna so betrachtete, wenn sie noch ein paar Pfund abnehmen würde, könnte sie richtig fabelhaft aussehen.

An der Tür blieb Hanna so plötzlich stehen, daß sie fast mit Dudley zusammengeprallt wäre. „Macht es dir aber auch ganz bestimmt nichts aus?" fragte sie noch einmal und blickte Dudley forschend an.

„Aber nein doch!"

„Ich erzähl dir auch, wie's war", rief sie über die Schulter zurück, als sie aus der Tür trat. Dudley blieb einen Moment mitten im Zimmer stehen und starrte die Tür an, die Hanna zugeschlagen hatte. Sie ging aber gleich wieder auf, und Hanna steckte noch einmal den Kopf herein.

„Ich hab eine tolle Idee! Warum bringst du deinen ... Freund nicht einfach mit? Man darf ja Gäste zum Picknick einladen. Ich muß es doch wissen, bin ja schließlich die Vorsitzende des Komitees. Na, wie wär's?"

„Nein!" antwortete Dudley bestimmt. „Das geht nicht." Rocco mit all ihren Freunden zusammen? Sie hörte Fletcher schon. Das ging auf keinen Fall. Dann wollte sie schon lieber mit ihm allein ins Kino oder so. Das war besser für ihn und für alle Beteiligten. Sie wußte nicht, warum, sondern hatte es nur so im Gefühl. Hanna musterte sie kurz.

„Na schön, okay. Ich ruf dich morgen gleich an, wenn wir zurück sind."

Das erste, was Dudley am nächsten Tag hörte, war das Heulen des Windes. Sofort hellwach, wußte sie, daß an Schlaf nicht mehr zu denken sein würde. Die Sonne schien zum Fenster herein, und weiße Wolken jagten über den blauen Himmel. In Morgenmantel und Hausschuhen ging sie mit langen Schritten in die Küche. Ihr Vater, schon immer ein Frühaufsteher, sah sie erstaunt an. „Wenn ich es nicht mit eigenen Augen sähe, würde ich es nicht glauben!" rief er.

Dudley antwortete nicht. Sie öffnete nur den Kühlschrank und goß sich ein Glas Milch ein. „Ach so", hörte sie ihren Vater sagen, „heute ist ja das Abitur-Picknick, nicht wahr?"

„Ja, so ist es", gab sie zur Antwort und setzte sich ihm gegenüber an den Tisch. „Ich fahr aber nicht mit." Es war typisch für ihren Vater, daß er nicht sofort nach dem Grund fragte. Sie wechselten nur kurz einen Blick, wie es seiner ruhigen, verständnisvollen Art entsprach. „Vati", sagte sie und war selbst über ihre Worte erstaunt, „es tut mir leid, daß ich vorgestern so abscheulich zu dir war."

„Ach, schon gut. Ich war ja auch ziemlich barsch."

„Und zum Picknick fahr ich nicht mit, weil ich mich versehentlich verabredet habe mit . . . mit Rocco Gambrini. Das ist der, den ich dir letzte Woche vorgestellt habe."

„Schön", sagte er zerstreut, schob seinen Stuhl zurück und sah sie flüchtig an. „Ich wollte, wir könnten jetzt unser Gespräch von neulich – über deine Zukunft fortsetzen, aber ich muß zu Fred James, wir wollen zum Angeln, und ich bin schon spät dran. Wir sprechen noch darüber, und zwar bald. Recht so, kleine Dame?" Er lächelte.. „Also, viel Spaß noch. Scheint übrigens ein sehr netter junger Mann zu sein."

„Er ist aber bloß Fischer", sagte Dudley und hatte plötzlich Angst, sie würde gleich zu weinen anfangen. „Und außerdem ist er auch noch ein . . . ein Makkaroni!" Es folgte ein langes Schweigen. Dudley wurde sich sich bewußt, daß der gleiche Gedanke sie immer wieder plagte. Schließlich blickte sie auf. Ihr Vater sah sie eisig an. „Was hast du denn?"

„Dudley Anson", sagte er kühl, „diesen Ausdruck möchte ich nicht noch einmal von dir hören!"

42

Dudley blickte ihn verständnislos an. „Wieso, Dad? Das ist doch nur so ein Wort."

„Nein, das ist ein beleidigender Spitzname, mit dem ein ganzes Volk abgestempelt wird." Er warf einen Blick auf die Uhr. „Auch darüber reden wir später noch!"

Dudley sah ihm verblüfft nach. Weshalb um alles in der Welt war er denn so wild geworden? Karlo Johnson nannte Frank Rosetti ständig „Makkaroni", und trotzdem waren sie die besten Freunde. Sie schüttelte den Kopf.

Fast den ganzen einsamen Tag hörte sie den Nordwind, in dem sich die starken Fichten hinterm Haus bogen. Gegen vier Uhr legte sie ihr Buch fort, stand von der Couch auf und ging in die Küche. Der königsblaue Faltenrock wirbelte wild um ihre Knie. Und dafür hab ich das Picknick versäumt, dachte sie wütend, für die Aussicht, den ganzen Tag allein hier herumzusitzen. Dann läutete es an der Tür, und trotz allem begann ihr Herz wie wild zu hämmern. Sie lief hin, um zu öffnen. Und dort stand er, genauso angezogen wie immer. Was war überhaupt los mit ihm? Wußten Italiener etwa nicht, wie man zu einer Verabredung zu erscheinen hatte?

„Tut mir leid, daß es so spät geworden ist", sagte er laut, um das Heulen des Windes zu übertönen. „Die See war ziemlich rauh, und ich konnte das Boot nicht schneller einbringen. Ich hab auch gar nicht viel Zeit. Haben Sie . . . haben Sie noch Lust, ein bißchen mitzufahren?"

„Na gut", antwortete Dudley nach einem Moment des Zögerns. Warum nicht? dachte sie und griff nach ihrer Jacke.

Sie war nicht einmal überrascht, als sie den alten, klapprigen Lieferwagen vor dem Haus sah. Er öffnete ihr die Tür, und ein leichter, kaum wahrnehmbarer, traniger Fischgeruch schlug ihr entgegen.

„Ich hab leider nur diese Klapperkiste", sagte er mit entschuldigendem Lächeln. Sie gab keine Antwort und zog sich lediglich den Rock über die Knie. Geschieht mir ganz recht, dachte sie.

Schweigend fuhren sie durch die Stadt. Bei der Presbyterianer-Kirche bog er rechts ab. „Ich weiß eine Stelle, die ich Ihnen gern zeigen möchte, Dudley", sagte er. „Das ist hier nicht mein Meer und auch nicht meine Heimat – aber es gibt da eine Stelle, die mich sehr an mein Land erinnert. Immer wenn ich Heimweh kriege nach Santa Felice, fahr ich da hin." Nach einigen Kilometern verließ er die Hauptstraße, fuhr noch ein Stück über eine holprige Landstraße und hielt bei einem kleinen Hügel. Er stieg aus dem Führerhaus und half Dudley herunter.

Sie wanderten bis zum Rand eines Steilhangs, an dem sich unten eine schmale Bucht hinzog. So genau Dudley die Küste auch kannte, hier war sie bisher noch nie gewesen. Im Norden schirmte eine unregelmäßige Reihe verkrüppelter Bäume sie gegen den schneidenden Küstenwind ab. Rocco stand eine Weile schweigend da, dann wandte er sich ihr lächelnd zu. „Mein Meer ist anders als Ihres. Es ist blau, immer. So blau wie . . . Ihre Augen. Aber um diese Zeit am Nachmittag kann man nicht sagen, welche Farbe das Wasser hat." Er wies auf einen schmalen Strich der Brandung tief unten. „Hier ist Ihr Meer friedlicher als meins, aber die Klippen sind die gleichen – sie ragen hoch aus dem Wasser auf. Bei mir daheim kleben die Häuser wie Trauben rundherum an den Felsen, fast bis ins Wasser hinab." Er gestikulierte mit den Händen, die die Häuschen in der Luft nachzubilden schienen. Er sah sie wieder an, und das Lächeln in seinem braungebrannten Gesicht hatte fast etwas Scheues. „Ich weiß selbst nicht, warum ich Sie hierhergebracht habe, Dudley. Vielleicht, um Ihnen zu zeigen, daß es hier ein Stückchen Italien gibt."

„Es ist eine wunderschöne Stelle", sagte sie und meinte das ganz ehrlich. Hier war es wirklich friedlich. Sie blickte hinaus auf die riesigen, braunen Felsen, die aus dem Wasser emporwuchsen und deren Fuß träge die Wellen umspülten. Bei ihrem Anblick war es ihr, als seien alle ihre trüben Gedanken über die Zukunft, ihren Vater, Tom und Hanna, ja sogar über Rocco wie weggeblasen. Sie spürte nur die in sich ruhende Kraft dieses Jungen, der hier dicht neben ihr stand.

Als die Sonne schließlich unterging und den Rand der Wolken vergoldete, als die Dämmerung niedersank, gingen sie langsam zum Lieferwagen zurück. Einen Augenblick standen

Einen Augenblick standen sie schweigend da.

sie schweigend da, in einem Schweigen, das durch das Heulen und Toben des Windes nur noch tiefer wurde. „Ich danke Ihnen", sagte sie schließlich, „ich danke Ihnen, Rocco, daß Sie mich hierhergebracht haben." Er legte seinen Arm um ihre Schultern und zog sie einen Moment an sich. Dann stiegen sie in den alten Lieferwagen. Rocco wendete und lenkte ihn vorsichtig auf die Hauptstraße zurück, die in zahlreichen Windungen an der Küste entlang nach Shamrock führte.

„Teils mögen Sie mich, teils schämen Sie sich schrecklich über den Fischer Rocco."

Rocco verlangsamte die Fahrt, als sie sich der Ecke näherten, wo man zu Dudley abbiegen mußte. „Mein Onkel wird zwar denken, ich bin wieder nach Italien abgehauen", sagte er mit einem Seitenblick, „aber wollen Sie nicht noch etwas trinken? Etwas Warmes vielleicht?"

Dudley fühlte sich plötzlich unbeschwert. „Heiße Schokolade jetzt wär herrlich", sagte sie. „Die schmeckt am besten in der nächsten Straße. Sie müssen da gleich links einbiegen, und in der Mitte des Häuserblocks ist es dann." Er folgte ihren Anweisungen, parkte, und sie landeten in einem warmen, kleinen Restaurant, das „Treffpunkt" hieß.

„Das ist hier so etwas wie unser Stammlokal", sagte sie und schlüpfte in eine Nische.

„Für ein Stammlokal ist es aber ziemlich ruhig", meinte Rocco, als er ihr gegenüber Platz nahm und sich in dem leeren Gastzimmer umsah.

„Na ja, weil heute fast alle beim Abiturklassen-Picknick sind."

„Und warum Sie nicht?"

„Ja . . ." Sie betrachtete ihre gefalteten Hände auf dem Tisch, den die Schüler des Gymnasiums über und über mit ihren

Monogrammen vollgekritzelt hatten. Als sie aufblickte und in seine forschenden, leicht amüsierten braunen Augen sah, wurde sie von seiner Fröhlichkeit angesteckt. „Na ja, ich hatte eben eine andere Verabredung", sagte sie schnell.

Als Rocco die Bestellung aufgab, fing Dudley den abschätzenden Blick des Kellners auf, aber das störte sie nicht. Sie lächelte Rocco freundlich zu und dachte plötzlich: Es ist nett mit ihm, und er gefällt mir. „Erzählen Sie mir doch noch etwas von Santa Felice", bat sie und stolperte ein bißchen über den fremden Namen. „Liegt das bei Rom oder Neapel? Meine Geographiekenntnisse lassen leider sehr zu wünschen übrig."

„Es ist nicht weit von Neapel entfernt. Ein kleines Fischerdorf an der Steilküste."

„Haben Sie oft Heimweh?" fragte sie. „Es klang jedenfalls so, als wir eben aufs Meer hinaussahen."

„Nicht eigentlich Heimweh", sagte er mit einem Lächeln, das sein braunes Gesicht aufleuchten ließ. „Santa Felice ist ein verschlafenes kleines Nest. Ich liebe es, weil ich dort aufgewachsen bin, aber ich hatte schon immer die Absicht, wegzugehen. Bevor ich hierher kam, bin ich sowieso schon in Rom zur Schule gegangen. Ich habe einen Vetter, der in Südkalifornien lebt – jedenfalls demnächst. Wenn er seinen Militärdienst hinter sich hat, will er dort Jura studieren. Er ist in den Sommerferien immer bei uns gewesen und hat mich sehr beeinflußt. Ich hab schon immer vorgehabt, in dieses Land zu kommen. Hier kann man viel lernen."

„Das Fischen?" fragte Dudley und wurde rot, weil ihre Worte so herablassend geklungen hatten.

„Auch das Fischen", sagte er, „und noch vieles andere mehr. Die Menschen in meiner Heimat tun alles so, wie es schon immer gemacht worden ist. In Santa Felice kann man Frauen sehen, die das Getreide gegen alte Siebe schlagen, um die Körner von der Spreu zu trennen, so wie man es eben jahrhundertelang gemacht hat. Und sie tun das im Schatten riesiger Kräne. Das ist ganz typisch. Manches ist sehr modern in Italien, aber allzu vieles eben leider nicht. Ich möchte mithelfen, das zu ändern, so gut ich kann."

Mac brachte die Schokolade, und Dudley nippte mit gekräuselter Nase an dem heißen, braunen Getränk.

Sie lehnte sich bequem auf der rissigen, gepolsterten Bank zurück. Wie angenehm, hier in dem vertrauten Raum zu sitzen, von dem heißen Getränk durchwärmt, während draußen der Wind heulte. Sie hörte ihrem Begleiter kaum zu, der noch weiter darüber sprach, wie notwendig eine gute Ausbildung sei – er redete fast so wie ihr Vater. Sie betrachtete sein Gesicht. Von allen Jungen, die sie kannte, sah er bestimmt am besten aus, mit seinem schwarzen Haar und den lebhaften braunen Augen. Aber war er ihr nur deshalb so sympathisch? Als er sie dabei ertappte, daß sie ihn musterte, wurde sie rot und sah schnell weg.

Um abzulenken, sagte sie das nächstbeste, was ihr gerade durch den Kopf ging: „Ich weiß wirklich nicht, warum wir uns hier alle so wohlfühlen", und ihr Blick fiel auf die durchgetretenen Stellen im Linoleum und die verblichene rote Tapete der Nischen, die sich an den Wänden entlang hinzogen. „Jeder kommt gern hierher." Sie fühlte sich geborgen, ein bißchen müde und viel entspannter als seit Wochen. Da fing sie einen etwas spöttischen Blick von Rocco auf.

„Haben Sie das ernst gemeint, als Sie sagten, Sie hätten vor, in dieser kleinen Stadt zu bleiben? Mir scheinen die Zukunftsaussichten hier kaum größer zu sein als in Santa Felice."

Sie setzte die Tasse ab. „Ich weiß nicht, ob ich das ernst gemeint habe oder nicht", sagte sie aufrichtig. „Es ist nur so: Hanna, Tom und die andern alle haben große Pläne und können es kaum erwarten, sie zu verwirklichen. Und ich, na ja, bei mir ist es eben anders. Wissen Sie, ich male. Und das bedeutet mir sehr viel. Ich glaube fast, es gibt keinen besseren Platz auf der ganzen Welt, um zu malen, als eben Shamrock."

Er lächelte. „Eine nicht gerade überzeugende Behauptung von jemand, der noch so wenig von der Welt gesehen hat."

„Ach", erwiderte sie schnippisch, „nur weil Sie den Atlantik überquert haben –"

„Darum geht es ja gar nicht", sagte er. „Aber Sie brauchen doch eine entsprechende Ausbildung."

„Ausbildung! Ausbildung!" äffte sie ihn nach. „Wie mein Vater! Künstler brauchen keine Ausbildung an einer Akademie. Für sie ist das Leben der beste Lehrmeister. Beobachtungsgabe und –"

Er schüttelte den Kopf. „Das mag ja sein, aber – eine Grundausbildung brauchen Künstler auch, vielleicht mehr noch als jeder andere. Alle brauchen eine Ausbildung, Dudley, Maler, Schriftsteller, Lehrer – sogar Fischer."

Sie sah ihn über den Tisch hin an und knobelte an einer bissigen Antwort. Große Sprüche klopfen, das war billig! Wenn er so viel von einer Ausbildung hielt, warum war er dann in Shamrock und verdiente sich seinen Lebensunterhalt als Fischer? Sie schüttelte den Kopf, als wollte sie dieses ernste Gespräch verscheuchen. Bevor sie jedoch das Thema wechseln konnte, gab es draußen einen Lärm, als ginge eine Sprengladung hoch.

„Um Gottes willen, was ist denn das?" rief er, als der Lärm aufhörte.

„Das ist Shamrocks einzige Eisenbahn", sagte sie und mußte über sein Gesicht lachen. „Sie hat nur einen Waggon und hält den Pendelverkehr zwischen hier und Travis aufrecht – das ist eine Kleinstadt im Landesinnern, dreißig Kilometer von hier."

„Hoffentlich hat Tapato das nicht gehört", sagte er, als ein erneutes Getöse von der Fensterseite kam. „Der kriegt sonst bestimmt so einen typischen amerikanischen Nervenzusammenbruch." Er sah sie fest an. „Was ist los, Dudley? Haben Sie sich an der Schokolade den Mund verbrannt? Sie sehen aus, als –"

„Nein", sagte sie und stellte ihre Tasse hin. „Vielleicht sollten wir jetzt besser gehen. Sie haben doch gesagt, Sie hätten nicht viel Zeit, oder?"

„Auf zehn Minuten kommt es jetzt auch nicht mehr an", sagte er. „Das Netzeflicken läuft mir schon nicht weg. Aber warum haben Sie es denn auf einmal so eilig?"

Draußen vor dem Restaurant waren Rufe und Gelächter zu hören, erst entfernt, dann immer näherkommend. Die Klasse, dachte Dudley. Sie sind mit dem Zug zurück. Und wenn kein Wunder geschieht, werden alle dreißig jede Minute hier sein.

Was nun, fragte sie sich und wußte nur, daß sie keinen von ihnen sehen und auch nicht gesehen werden wollte.

„Gehn wir jetzt?" fragte sie erneut, schon halb stehend. Aber es war zu spät. Die Tür flog auf, und die ganze Oberklasse schien gleichzeitig hereinzustürmen. Dudleys Blick glitt über die lachenden, braungebrannten Gesichter der jungen Leute, die sich rücksichtslos in die Nischen drängten und laut nach der Bedienung schrien. Fletcher Hicks kam vorbei und riß die Augen auf, als er sie entdeckte. Die nachfolgende Menge, dicht hinter ihm Penny Holloway, schob ihn aber weiter.

„He, Rita!" schrie Karlo Johnson im Vorbeirennen. „Der erste Tanz gehört mir!" Gereizt fragte Dudley sich, ob er überhaupt fähig war, sich anders zu verständigen als schreiend. Fast als letzte kamen Hanna und Tom herein. Sie blieben bei ihnen stehen.

„Dud!" rief Hanna. „Ist ja toll! Dürfen wir uns zu euch setzen?" Tom, der neben ihr stand, sah erst Dudley und dann ihren Begleiter ernst an.

„Bitte, gern", antwortete Dudley mit belegter Stimme und machte ihre Freunde miteinander bekannt, während Hanna sich neben sie setzte und Tom Rocco gegenüber Platz nahm. Was hab ich denn bloß, fragte Dudley sich. Warum fühl ich mich so . . . zerrissen? Als säße eine Hälfte von mir hier neben Rocco und die andre wäre jemand, der zum Picknick hätte gehen sollen!

„War das ein herrlicher Tag", rief Hanna in ihrer überschwenglichen Art aus. „Ein bißchen kalt zwar, aber Spike hatte seinen Plattenspieler dabei, wir haben getanzt, und ein paar ganz Verrückte sind sogar ins Wasser gegangen."

„Was einige dieser ,Verrückten' an sich gar nicht vorhatten", warf Tom ein, „aber man weiß ja, wie das so geht. Ich hab mitgezählt, acht Mädchen wurden mitsamt den Kleidern reingeschmissen, die beiden nicht mitgerechnet, die freiwillig nachhüpften, als keiner ihnen einen Schubs geben wollte."

„Ich bin auch bekannt dafür, daß ich mitsamt den Kleidern ins Wasser fliege", sagte Rocco nach einer kleinen Pause. „Dudley kann's bezeugen." Dudley spürte, wie ihr das Blut noch mehr ins Gesicht schoß. Das hatte so ... so vertraulich geklungen. Als ob Rocco und sie fruchtbar viel Spaß miteinander hatten, wenn sie allein waren.

„Sie sind eben hineingefallen", sagte sie kurz und kühl. „Es war Ihre eigne Schuld." Sie warf ihm einen flüchtigen Blick zu. Seine braunen Augen waren auf sie gerichtet, fest, doch weder gekränkt noch enttäuscht, er sah sie nur an. Sie schaute wieder weg, und Tom gab seine Bestellung auf.

„Noch eine Schokolade?" fragte er Dudley und Rocco höflich.

„Nein, danke!" sagte Dudley, ehe Rocco antworten konnte. „Wir haben keine Zeit mehr." Tom bestellte zwei Cola.

„Nanu, du verzichtest heute auf deinen heißgeliebten Eisbecher mit Sahne?" wandte sich Dudley an Hanna. „Hältst du neuerdings Diät?" Dudley merkte, daß Hanna zum ersten Mal, seit sie sich kannten, einen roten Kopf bekam, vor sich hinsah und offensichtlich nicht wußte, was sie antworten sollte.

„Wenn du einen willst –", begann Tom, aber Hanna schüttelte den Kopf. Die ohrenbetäubende Musik von einem Plattenspieler hinten im Lokal verstummte, und die Tanzpaare begaben sich wieder in ihre Nischen. Dudley fing einen Blick von Rita Rosetti auf, die sie mit unverhohlener Neugierde ansah.

Wieder setzte der Plattenspieler ein, diesmal mit einem langsamen, verträumten Schlager, der zu Beginn des Jahres aufgekommen war, als Dudley und Tom anfingen, sich öfter zu sehen. Für Tom war es immer „ihr Schlager" gewesen. Dudley sah ihn an, und als er keine Anstalten machte, ihren Blick zu erwidern, sagte sie mit der gleichen Boshaftigkeit, mit der sie Rocco angefahren und Hanna beleidigt hatte, leise zu Tom: „Kennst du das?" Sie wollte ihn zwingen, ihr in die Augen zu sehen, beugte sich zu ihm vor und tat so, als wären sie allein hier. „Erinnerst du dich noch, wie wir das zum erstenmal zusammen gehört haben?" Hanna schob sich nervös das Haar aus der Stirn und blickte angestrengt auf die Tanzenden, als suchte sie ein Mauseloch, um sich darin zu verkriechen. Plötzlich stand Tom auf.

„Tanzen wir, Hanna!" sagte er, sah dann erst Dudley an und fügte hinzu: „Ich finde, Hanna ist die beste Tänzerin der ganzen Schule!" Dudley sah ihnen nach, wie sie sich mühelos über das Linoleum bewegten, als hätten sie schon seit Jahren miteinander getanzt. Sie wandte sich Rocco zu.

„Wenn Sie es so eilig haben, Dudley", meinte er und schob sich aus der Nische, „dann gehn wir jetzt." Sie wollte sich ebenfals hinauszwängen, als sie die fast schon erwartete Stimme hörte.

„Ihr wollt gehen?" fragte Fletcher Hicks, der plötzlich hinter ihr stand. Sie trat aus der Nische und stellte die beiden Jungen einander vor. Sie fand es mit einemmal unerträglich heiß hier.

„Entschuldigt mich einen Moment!" murmelte sie und floh an der Tanzfläche entlang in den Waschraum. Was ist bloß los mit mir? dachte sie, als sie mit weit aufgerissenen Augen in den Spiegel starrte. Was hab ich denn nur um Himmels willen? Sie hörte die Tür gehen, drehte sich um und stand Hanna gegenüber. Ihre Augen glänzten so merkwürdig in dem erhitzten, braungebrannten Gesicht.

„Was ist los, Dudley?" fragte sie ruhig. „Bedeutet die kleine Szene, die du eben draußen gemacht hast, daß es aus ist zwischen dir und dem Fischer und daß du wieder zu Tom zurückwillst? Oder sollte es ganz einfach heißen: Hände weg von Tom, Dickerchen, und bleib bei deinem heißgeliebten Eisbecher mit Sahne?" Dudley hatte sie noch nie in einem solchen Ton reden hören.

„Oh, Hanna", sagte sie rasch und war ehrlich zerknirscht. „So war das doch nicht gemeint –." Sie legte ihre Hand auf den Arm der Freundin, die sie nur kühl ansah.

„Ist schon gut", sagte sie und zog ihren Arm weg. „Ich kann mir schon denken, was du hast." Sie drehte sich um und war auch schon zur Tür hinaus. Langsam folgte Dudley ihr nach. Sie sah Rocco in der Nähe der Theke stehen. In seinem groben Drillichanzug konnte man ihn ohne weiteres für einen Mitschüler halten, denn sie hatten sich für das Picknick alle nicht viel anders gekleidet. Dudley sah ihn nicht an; sie hatte Gewissensbisse, weil sie so gemein zu ihm gewesen war. Wie er da so stand, hätte er im Sturm mitten auf hoher See nicht einsamer sein können als hier in diesem Lärm und Trubel.

„Gehen wir", sagte sie, als sie zu ihm trat, und sie machten sich auf, um das heiße, lärmende Lokal zu verlassen. Das sah Fletcher. „Du willst doch nicht schon gehen, Dudley? Jetzt wird es doch erst richtig lustig." Er legte seine Hand auf Dudleys Arm.

„Ich bin müde", sagte Dudley. „Laß mich los, Fletcher."

„Wir gehen jetzt, Fletcher!" sagte Rocco, und sein Akzent gab seinen Worten noch mehr Gewicht. Fletcher blinzelte.

„Na schön, also dann", murmelte er.

Rocco half Dudley in den Lieferwagen und stieg nach ihr ein. Der alte Motor sprang rumpelnd und dröhnend an. Den ganzen Weg sprachen sie kein Wort. Als er vor ihrem Haus gebremst hatte, legte er seine Hand auf ihren Arm. Dudley sah ihm in die Augen, und trotz ihrer Verwirrung in dem Lokal eben spürte sie jetzt in seiner Nähe wieder die gleiche Zuneigung. Unwillkürlich legte sie ihre Hand auf seine.

„So", sagte er leise, „jetzt mögen Sie mich wieder. Wenn wir allein sind, ist alles gut, aber wenn andere dabei sind, bin ich ... unmöglich. Ich begreife Sie langsam, Dudley", fuhr er fort und hatte, wenn er so eindringlich sprach, einen besonders starken Akzent. „Hinter diesen sanften blauen Augen findet anscheinend ein ziemlich harter Kampf statt. Teils mögen Sie mich, das ist mir völlig klar, teils aber – und das ist heute abend ganz deutlich geworden – schämen Sie sich schrecklich über den Fischer Rocco."

„Nein –", begann sie, wußte aber nicht weiter.

Er zog seine Hand unter der ihren hervor, langte an ihr vorbei und öffnete die Tür. „Ich hab noch zu tun, und es ist schon spät." Wie betäubt stieg sie aus, rannte durch das grelle Licht der Scheinwerfer über die Straße und stolperte endlich durch die Gartenpforte. Als sie zur Veranda hinauflief, hörte sie den Motor des Lieferwagens wieder anspringen. Vor der Glastür blieb sie stehen und sah ihren Vater in dem alten Ledersessel vor dem Kamin sitzen. O Gott, warum ist er bloß noch nicht im Bett, dachte sie. Ich kann ihm jetzt unmöglich gegenübertreten. Doch sie öffnete die Tür, drehte sich um und schob sie vorsichtig zu, da es bei dem starken Wind heftig zog.

„Hallo, kleine Dame", begrüßte ihr Vater sie, stand auf und stellte sich mit dem Rücken zum Kamin. „War's schön heute?" Sie nestelte umständlich an den Knöpfen ihrer Jacke und war bemüht, so beschäftigt zu erscheinen, daß sie nicht gleich antworten konnte. „Na, erzähl mal!"

„Wenn's dir nichts ausmacht, lieber morgen. Ich bin schrecklich müde."

„Auch gut", sagte er mit besorgtem Blick.

Sei bloß nicht so nett zu mir, dachte sie, sonst heul ich gleich los.

„Ach, da fällt mir gerade ein", sagte er, „Fräulein McPherson hat abends angerufen. Sie will schon seit Tagen etwas mit dir besprechen, du hättest dich aber nicht bei ihr sehen lassen. Morgen sollst du auf jeden Fall mal zu ihr kommen. Scheint sehr wichtig zu sein, mir wollte sie jedoch nicht sagen, um was es sich handelt." Sein Gesicht verzog sich zu einem spitzbübischen Lächeln. „Sie meinte, du solltest es als erste erfahren. Was kann denn das nur sein?"

„Keine Ahnung", sagte Dudley ungerührt und war im Begriff, ihr Zimmer aufzusuchen. „Die hat sich schon immer – wie soll ich sagen – besonders für mich interessiert. Wahrscheinlich hat es ihr nicht gefallen, daß ich zuviel Rot für einen Sonnenuntergang verwendet habe, den ich ihr letzte Woche zeigte. So Sachen können sie furchtbar aufregen." Sie wandte sich zur Tür, doch beim Anblick ihres Vaters, der da müde und irgendwie unsicher vor dem Kamin stand und lächelte, wurde der Kloß in ihrem Hals nur noch größer. Sie rannte zu ihm und gab ihm schnell einen Kuß. „Gute Nacht, Vati. Bis morgen also."

In ihrem Zimmer warf sie sich aufs Bett und starrte zu dem weißen, gestärkten Baldachin hinauf. Ihre Gedanken überschlugen sich. Tom haßte sie jetzt offensichtlich, Hanna fand sie schrecklich, und Rocco – das war das allerschlimmste! Er hatte erkannt, wie zerrissen sie innerlich war, und daraus den Schluß gezogen, daß sie sich über ihn schämte.

Sie rollte sich zusammen und fing heftig an zu weinen. Vielleicht, dachte sie gequält, vielleicht habe ich mich sogar tatsächlich geschämt.

Das war bei weitem das beste Bild, das sie je gemalt hatte.

Noch bevor Dudley am nächsten Morgen richtig wach war, hörte sie schon den niederprasselnden Regen. Mit geschlossenen Augen blieb sie ein paar Minuten liegen und hatte ein ganz unbehagliches Gefühl – ein Gefühl, das nichts Gutes bedeutete. Dann erinnerte sie sich wieder an die scheußliche Szene im „Treffpunkt" und an Roccos Worte, als er sie heimgebracht hatte.

Ganz benommen kam sie hoch, um aufzustehen, als sie plötzlich niesen mußte. Ich hab mich erkältet, dachte sie, das hat mir grade noch gefehlt! Sie schlich sich ins Bad und sah kurz in den strömenden Regen hinaus. Ein Blick in den Spiegel machte sie nicht fröhlicher. Ihre Augen waren gerötet und verschwollen, nur wußte sie nicht, ob das vom Weinen vor dem Einschlafen kam oder ob sich wirklich eine Erkältung ankündigte. Hoffentlich! dachte sie, und hoffentlich wird eine Lungenentzündung draus. Sie ließ sich auf einen Hocker fallen und war fasziniert von der Vorstellung, wie sie blaß und elend in ihrem Himmelbett liegen würde, das dunkle Haar wirr auf dem weißen Kopfkissen. Ihr Vater würde sie unter ein Sauerstoffzelt stecken, während all ihre Freunde im Wohnzimmer ergriffen schweigend dem Ausgang der Krisis entgegenzitterten.

„Dudley", rief ihr Vater, „kommst du nun zum Frühstück oder nicht?"

Ihre Tagträume verflogen. Außerdem, welche Freunde würden schon um sie zittern? Wahrscheinlich würden die meisten eher in den „Treffpunkt" gehen und feiern, wenn sie die Krisis nicht überstand. Sie war sich sehr wohl bewußt, daß sie in Selbstmitleid schwelgte, hätte es aber nie zugegeben. Sie fing mit den Zähnen an zu klappern und mußte wieder niesen. Klarer Fall, es war eine Erkältung.

„Vati!" rief sie heiser. „Würdest du wohl mal einen Moment herkommen? Ich glaube, du kriegst eine neue Patientin!" Dr. Anson kam sofort. Sie mußte Fieber messen und wurde ins Bett gesteckt. Dudley jammerte zwar, aber insgeheim war sie erleichtert, nicht zur Schule gehen und Hanna, Tom und den anderen allen nicht begegnen zu müssen.

Sie verschlief den größten Teil der Woche, und nach Riesenmengen von Vitaminen, Aspirin und Fruchtsaft begann sie sich wieder wohler zu fühlen. Am folgenden Samstag wagte sie sich nach dem Frühstück schon auf die Veranda. Die Sonne schien prall und warm, und der frische Erdgeruch, der einem Frühlingsregen stets zu folgen pflegt, erfüllte die Luft. Eine Lerche schmetterte ihr Lied, und Dudley lächelte, als sie es hörte.

Sie ging hinunter zur Gartentür und sah, daß in der Woche, in der sie krank gewesen war, die Knospen der Rhododendronbüsche aus den fest gefalteten, leuchtendrosa Schirmchen sich zu üppigen Dolden entwickelt hatten. Dudley berührte eine der zarten Blüten und spürte, wie ihre Stimmung sich hob. Was bedeutete es schon, daß keiner sie während ihrer Krankheit angerufen hatte! An einem solchen Tag mußte man sich ganz einfach wohlfühlen.

Sie hatte plötzlich den brennenden Wunsch, etwas zu tun – etwas zu schaffen.

Ich werde malen, beschloß sie und lief zurück ins Haus. Ich nehme mir etwas zu essen mit, fahr hinunter zur alten Brücke und mache ein Aquarell vom Hafen. Den Gedanken, daß sie Rocco dort treffen könnte, verdrängte sie. Sie wollte dorthin nur, um zu malen, weiter nichts. Ein zartes Aquarell von der Bucht mit der Klippe wird sich bestimmt sehr hübsch machen, dachte sie, als sie sich einige Brote strich und sie in eine Tüte packte. Sie versicherte Frau Mohr, daß sie sich ausgezeichnet fühle, und eine halbe Stunde später radelte sie im Sonnenschein zur alten Brücke hinunter.

Sie versteckte ihr Fahrrad, klappte ihre Staffelei auseinander und stellte sie so fest wie möglich in den Sand. Sie wählte eine Perspektive, aus der sich das alte Wrack teils gegen die Klippe beim Hafen und teils gegen den Himmel abhob. Nun packte sie ihr Malzeug aus und machte sich flink und sorgfältig daran, mit flotten Strichen die Farben auf das Papier zu bringen. Wie immer, wenn sie malte, vergaß sie alles um sich herum. Ihr ganzes Denken war allein auf ihre Arbeit und deren Gelingen gerichtet. Das schrottreife Boot gewann langsam Gestalt, es gelang ihr, seine trostlose Einsamkeit wiederzugeben und damit die eigene Unsicherheit, Angst und all ihre Zweifel. Schließlich war sie fertig und trat ein bißchen zurück. Obwohl sie immer kritisch war bei der Beurteilung ihrer Arbeiten, überlief sie diesmal ein leichter Schauer. Das war bei weitem das beste Bild, das sie je gemalt hatte!

Noch einmal betrachtete sie das Bild und empfand erneut den Stolz über ihre gelungene Arbeit. Wenn ich es doch irgendwem zeigen könnte, dachte sie. Jetzt, jetzt gleich! Sie stand auf, klopfte sich den Sand von den Kleidern und war sich bewußt, was sie jetzt tun wollte, wenn sie es auch nicht zugab. Da das Bild trocken war, nahm sie es vorsichtig von der Staffelei, riß es vom Block herunter und legte es behutsam zwischen zwei Pappdeckel. Nachdem sie es in ihre Mappe gesteckt hatte, sammelte sie rasch die übrigen Sachen zusammen und stapfte durch den Sand zur Brücke zurück. Dort angekommen, spähte sie über den Fluß.

Auf dem Kai oder an Deck ihrer Fischerboote saßen Männer und unterhielten sich bei der Arbeit. Sie flickten Netze, entwirrten Schnüre mit glänzenden Widerhaken oder saßen bloß da, die breiten, rissigen Hände ruhig im Schoß. Die meisten trugen lange Wasserstiefel. Und wenn sie Dudley beim Vorübergehen gleichgültig ansahen, fiel ihr auf, daß alle die gleiche Haut hatten – ledern und mit tiefen Falten um die Augen von dem grellen Licht der Sonne und ihrem gleißenden Widerschein auf dem Wasser. Sie hatten ganz andere Gesichter als die Menschen in der Stadt. Das sind Charakterköpfe, dachte Dudley, Gesichter, die das einfache Leben in Wind und Wetter geprägt hat.

Den leichten Fischgeruch fand Dudley gar nicht unangenehm, als sie das U-förmige Dock abschritt. Sie sah sich jedes kleine

*Das Bild zwischen den Pappdeckeln war das beste,
das sie je gemalt hatte*

Boot genau an und stellte fest, daß sie alle gleich aussahen und daß sie nicht einmal den Namen von Roccos Schiff kannte.

Sie blickte zu der düsteren Klippe empor, an deren Fuß niedrige Häuser nisteten, jedes mit einem Blumenteppich vor dem Eingang. Eine Treppe mit abgetretenen Holzstufen führte vom Dock hinauf zur Straße, die in einer Kurve an den Häusern vorbeiführte. Dudley stieg die Treppe hinauf und ging auf der Straße weiter.

Dann hörte sie lautes Hundegebell. Sie blieb stehen und schob die Mappe unter den anderen Arm. Was hatte sie denn? Ein Hund bellte doch wie der andere. Sie ging langsam weiter, kam am Ende der Straße zu einem weißen, schindelgedeckten Haus, und der Hund, der dort wie wahnsinnig bellend gegen den Staketenzaun sprang, war Tapato. Dudley sah zur Veranda hinüber, wo ein alter Mann im Schaukelstuhl saß. Als er auf sie aufmerksam wurde, blickte sie in die klarsten blauen Augen, die sie je gesehen hatte.

„Kusch, Tapato", sagte Dudley leise und blieb am Zaun stehen. „Du kennst mich doch!"

„Tapato!" rief der Mann, „benimm dich gefälligst!" Dudley sah ihn versuchsweise lächelnd an. Er stand auf und kam an den Zaun. „Sie kennen unsern Hund?" fragte er freundlich. „Mir scheint, er hat einen guten Geschmack, was junge Damen betrifft."

„Ich habe ihn durch Ihren Neffen kennengelernt, Herr Gambrini. Ich bin Dudley Anson."

Über das freundliche, zerfurchte Gesicht glitt ein breites Lächeln. „Ah, die Tochter von unserm Doktor!" Er streckte ihr über den Zaun die Hand engegen. Ihr Versuch, gleichzeitig die dargebotene Hand zu ergreifen und die unförmige Mappe unter den andern Arm zu schieben, endete damit, daß sie ihr entfiel und der gesamte Inhalt auf der Straße lag.

„O verflixt!" murmelte sie und begann ihre Sachen wieder aufzulesen.

„Warten Sie, ich helfe Ihnen", sagte Herr Gambrini, kam durch die Gartenpforte und bückte sich schwerfällig nach den herumliegenden Papieren, Skizzen und Pinseln.

„So, Sie sind also Malerin!" sagte Herr Gambrini und sah mit gefurchter Stirn eine Skizze an, die er aufgehoben hatte. „Wollen Sie nicht reinkommen und auch Roccos Tante Ihre Bilder zeigen? Ich hatte ja keine blasse Ahnung, daß mein Freund Dr. Anson eine so begabte Tochter hat."

„Ich . . . ich möchte lieber nicht", stotterte Dudley und sah auf die von warmem Licht erhellten Fenster hinter der Veranda. Es roch appetitlich nach Zwiebeln, Knoblauch und heißem Olivenöl. „Es ist auch schon spät geworden. Übrigens . . . ist Rocco da?"

„Nein, der bleibt diesmal lange weg. Die Salme ziehen nämlich gerade bei der Shady-Bucht vorbei, und er hat Proviant und Eis für einen guten Monat mitgenommen." Er zuckte die Achseln. „Ich versteh überhaupt nicht, warum er draußen bleiben will. Die Shady-Bucht ist doch gar nicht so weit weg – aber aus irgendeinem Grund wollte er nicht in den Hafen zurückkommen." Er schüttelte den Kopf. „Für gewöhnlich ist er ja ein lustiger, vergnügter Bursche, aber letzte Woche war er finster wie eine Gewitterwolke."

Dudley plagten Gewissensbisse und Reue. Sie wußte ja genau, warum er auf See bleiben wollte.

„Wie schön, daß wir uns kennengelernt haben", sagte sie, „aber jetzt muß ich wirklich nach Hause. Es ist sowieso schon viel zu spät geworden." Mit einem schnellen, nervösen Griff stopfte sie die Papiere in ihre Mappe. „Würden Sie Rocco bitte sagen, daß ich hier war?"

„Aber natürlich, Fräulein Anson", antwortete Herr Gambrini. „Tut mir leid, daß ich Sie nicht mit dem Lieferwagen heimfahren kann, aber Ihr Vater will mich erst in vierzehn Tagen wieder ans Steuer lassen."

„Schönen Dank", erwiderte Dudley, „aber ich hab ja sowieso mein Fahrrad dabei!" Sie winkte noch kurz und eilte durch die beginnende Dunkelheit zur Holztreppe zurück.

Ihre Schritte hallten hohl auf den Planken, als sie den Kai entlanglief. Es wurde ein wenig heller, als sie den Pfad erreichte und den Schatten der Klippe hinter sich gelassen hatte. Aber der Nebel war wie ein dicker, grauer Vorhang, und ihre

Jeans und die dünne Baumwollbluse hielten nicht sehr warm. Sie rannte über die Brücke, holte ihr Fahrrad aus dem feuchten Gras, befestigte die Mappe auf dem Gepäckträger und begann bergauf zu radeln. Sogar die Griffe der Lenkstange fühlten sich feuchtkalt an. Als sie die erleuchteten Fenster ihres Hauses durch den Nebel schimmern sah, atmete Dudley erleichtert auf. Sie schob ihr Rad durch die Gartenpforte, lehnte es gegen einen Rhododendronstrauch und lief die Treppe hinauf.

„Ja, Dudley, wo um alles in der Welt hast du bloß so lange gesteckt?" begrüßte ihr Vater sie von seinem Lieblingsplatz am Kamin. Dudley schloß die Tür und strich sich das feuchte Haar aus der Stirn.

„Entschuldige, daß es so spät geworden ist, Vati", sagte sie, als sie wieder zu Atem gekommen war. „Ich hab unten am Kai gemalt und völlig die Zeit darüber vergessen."

„Immerhin erfreulich zu hören, daß du gemalt hast", sagte eine wohlbekannte Stimme, und zu Dudleys maßloser Verblüffung erhob sich Fräulein McPherson aus dem Lehnstuhl.

„Du lieber Himmel, Fräulein McPherson, Sie hab ich gar nicht gesehen!" Plötzlich fiel Dudley ein, daß die Zeichenlehrerin schon vor einer guten Woche mit ihr hatte reden wollen, was sie aber ganz vergessen hatte.

„Da ich annahm, daß du doch nicht in der Schule bei mir vorbeischauen würdest", sagte die Lehrerin lächelnd, „habe ich mir erlaubt, einfach mal herzukommen. Dein Vater und ich haben uns sehr nett unterhalten."

Dudley ging und setzte sich auf eine niedrige Fußbank vor dem Kamin. Fräulein McPherson sah im Schein der flackernden Glut ganz hübsch aus. „Warum wollten Sie mich denn sprechen? Tut mir leid, aber ich hatte es völlig vergessen."

„Ich habe Neuigkeiten für dich", sagte sie. „Erinnerst du dich an deine Kohlezeichnung von der Hauptstraße?"

„Ja, sicher", antwortete Dudley. „Als ich Ihnen die zeigte, haben Sie gedacht – na ja, sie hat Ihnen wohl gefallen."

„Stimmt! Ich habe sie also zusammen mit ein paar Aquarellen von dir einem Freund geschickt, der im Stipendienausschuß der Akademie sitzt."

„So?" sagte Dudley leise. Sie hatte der Akademie, auf die sie sowieso nicht wollte, immer noch nicht geschrieben; Anmeldeschluß war außerdem erst im Hochsommer.

„Seine Antwort ist sehr ermutigend. Er hat mir geschrieben, seiner Ansicht nach könntest du von den Ausschußmitgliedern durchaus berücksichtigt werden. Deine Technik sei zwar unvollkommen, deine Darstellung zu fotografisch, so daß es den Arbeiten etwas an Individualität mangle. Aber er hat den Eindruck, du seist eine echte Begabung und verdientest ein dreijähriges Stipendium – zwei Jahre an der Akademie und ein drittes in Paris!"

Dudley öffnete den Mund, brachte aber kein Wort heraus. Sie sah erst ihren Vater an, der ihr stolz zulächelte, und dann wieder Fräulein McPherson. Warum steht sie so dicht neben ihm? dachte sie ausweichend.

„Na, was sagst du nun, Dudley?" fragte ihr Vater. „Es ist doch gar nicht deine Art zu schweigen, noch dazu nach einer solchen Nachricht."

„Wovon hängt denn das ab?" fragte sie, um Zeit zu gewinnen. „Ich meine, ob ich das Stipendium bekomme oder nicht?"

„Sie wollen deine sämtlichen Arbeiten sehen", antwortete die Lehrerin. „Alles – alles Wichtige, was du bisher gemacht hast. Danach wollen sie sich entscheiden."

„Oh!" sagte Dudley. Sie hatte plötzlich das alte, verlassene Wrack vor Augen, einsam, morsch, von grünem Wasser umspült, so wie sie es auf ihrem Bild dargestellt hatte.

„Ich möchte auch noch etwas mit dir besprechen", sagte ihr Vater, doch Dudley hörte nicht zu, und er verstummte, als sie plötzlich aufsprang.

„Ich muß Ihnen etwas zeigen, Fräulein McPherson", sagte sie. „Ich hab es erst heute gemacht, vielleicht verstehen Sie mich dann besser." Ohne die verblüfften Gesichter zu beachten, ging sie durchs Zimmer zu dem Tisch, auf dem ihre Mappe lag. Sie begann darin zu suchen, blickte nach einer Weile aber auf.

„Es ist . . . es ist – nicht mehr da", sagte sie ganz langsam und fast gequält. „Es ist einfach nicht mehr da. Ich muß es verloren haben, als mir die Tasche runtergefallen ist." In das anschließende Schweigen ertönte der monotone Klageruf des Nebelhorns wie aus allernächster Nähe. Verzweiflung klang aus diesem Ton, aber auch aus Dudleys Stimme, als sie sagte: „Das Bild ist weg – und es war doch das beste, das ich bisher gemalt habe."

„Du bist völlig versponnen in deiner eigenen Welt!"

In sich versunken saß Dudley am Frühstückstisch, schwenkte abwesend das Glas mit dem Orangensaft und dachte an den vergangenen Abend. Fräulein McPherson hatte sofort zum Hafen gehen wollen, um das Bild zu suchen, aber sie war dagegen gewesen. Bei dem Wind war es inzwischen bestimmt schon bis Hawaii geflogen. Wer weiß, wozu es gut ist, daß ich es verloren habe, dachte sie verdrossen. Wahrscheinlich war es in Wirklichkeit gar nicht so toll, wie ich glaubte.

Ihre Verstimmung wuchs. Was hatte Fräulein McPherson hier überhaupt zu suchen gehabt? Wie kam sie dazu, über ihren Kopf hinweg das mit dem Stipendium einzufädeln? Das ist doch glatt ein Eingriff in mein Privatleben, dachte Dudley. Dazu hat sie überhaupt kein Recht!

„Und das muß mir gerade heute passieren!" Dr. Ansons Stimme platzte in die morgendliche Stille der Küche wie ein Stein, der in einen ruhigen Teich plumpst. „Was ist denn los?" fragte Dudley erschrocken und hätte fast ihren Orangensaft umgestoßen.

„Ach, geschnitten hab ich mich beim Rasieren. Das ganze Waschbecken ist mit Blut vollgeschmiert, und die Würde meines Antlitzes verhunzt jetzt ein Pflaster!" Sie sah ihn an, merkte an seinen Augen, daß er gut gelaunt war, und sparte sich eine Antwort. „Stimmt was nicht, kleine Dame?" fragte er sofort, schob sich einen Stuhl zurecht und setzte sich zu ihr. „Immer noch durcheinander wegen des Bildes? Gleich nach der Kirche gehen wir es suchen, und wir finden es ganz bestimmt!"

Sie schüttelte nur den Kopf. „Du bist noch gar nicht angezogen?" fragte er mit einem Blick auf ihren gestreiften Morgenmantel.

„Drunter schon", sagte sie zerstreut. „Außerdem haben wir noch zwanzig Minuten Zeit."

„Ich möchte heute ein bißchen früher fahren, Dudley", antwortete ihr Vater, stand auf und goß sich umständlich ein Glas Orangensaft ein.

„Wieso denn das?"

„Ach, ich hab Fräulein McPherson gesagt, wir würden vorbeikommen und sie zur Kirche abholen, Dudley. Eine nette Geste sozusagen."

Dudley sah ihn verdutzt an, aber er wich ihrem Blick aus. Eine nette Geste? Die Zeichenlehrerin hatte doch selbst einen Wagen!

„Dann fahr nur, Vati", versetzte sie ruhig. Und sie fügte hinzu: „Ich wollte sowieso nicht mitkommen. Ich geh heute lieber mal nach St. Elisabeth."

„In die katholische Kirche? Aber Dudley!"

Sie zuckte die Achseln. „Warum denn nicht? Laß mich doch was für meine . . . Bildung tun."

Er sah sie immer noch an, dann zuckte ein Lächeln um seine Mundwinkel. „Dein plötzliches Bedürfnis, dich religiös zu ‚bilden', hat doch keinen speziellen Grund?"

Dudley warf ihm einen flüchtigen Blick zu. „Überhaupt nicht!" versetzte sie schnippisch und wurde noch gereizter, als ihr Vater nicht zu grinsen aufhörte. „Ich will mir St. Elisabeth eben mal anschauen, weiter nichts."

„Gut, gut", antwortete er mit einer leichten Handbewegung, als wollte er ihre Verstimmung wegscheuchen. „Wir sehen uns dann nach der Kirche wieder." Mit nervösem Blick auf die Uhr und nach schnellem Abtasten des Pflasters an seinem Kinn verließ er eilends die Küche, ohne zu frühstücken und ohne Dudley einen Abschiedskuß zu geben.

Sie schob ihren Stuhl zurück, ging in ihr Zimmer und mußte an sich halten, nicht mit dem Fuß aufzustampfen. Sie entschloß sich, ihr schönstes Kleidungsstück anzuziehen, ein leuchtendrotes Kostüm, in der Hoffnung, ihre Depressionen würden sich legen. Vor dem Spiegel zog sie mit einem passenden Stift die Lippen nach.

Auf den hellen Marmorstufen von St. Elisabeth verlor Dudley fast den Mut. Sie wußte zwar, daß jede Stunde eine Messe gelesen wurde, und auch, daß sie rechtzeitig da war, nur kam sie sich so komisch vor und hatte auch keine Ahnung, wie man sich in einer katholischen Kirche verhalten mußte.

Der Gottesdienst wirkte gar nicht so fremd auf sie, wie sie erwartet hatte, und da er größtenteils in Englisch abgehalten wurde, verstand sie auch das meiste. Es war alles von einer Weihe, die sie noch nie in einer Kirche empfunden hatte.

Die Messe ging zu Ende. Plötzlich wieder selbstsicher, stand sie auf und ging im Schwarm der Kirchenbesucher langsam zum Ausgang zurück. Sie sah so viele Leute, die sie kannte – Herrn Androtti, die Romanos und eine Menge italienischer Kinder aus der Schule. Manche waren überrascht, sie hier zu sehen.

Als sie in die strahlend helle Sonne hinaustrat, sah sie Roccos Onkel und Tante. Sie merkte, wie ihr Herz klopfte, aber sie waren allein. Was hab ich denn nur? fragte sie sich und seufzte. Ich wußte doch, daß er fort ist.

„Na, die lassen hier aber auch jeden rein, oder?" sagte jemand hinter ihr, und als sie sich umdrehte, war es Frank Rosetti. Sie freute sich, sein vertrautes Gesicht zu sehen.

„Es hat mir sehr gefallen!" sagte sie, und ihre Stimme klang irgendwie gekünstelt.

„Na, Dudley", rief Frau Rosetti, die gleich hinter ihr stand, „werden wir dich hier jetzt öfter mal sehen?" Dudley lächelte, aber der italienische Akzent erinnerte sie an Rocco, und sie merkte, daß sie rot wurde.

„Das glaub ich nicht", mischte sich eine andere Stimme ein. „Dudley hat nur mal gucken wollen, was sich im Slum so tut." Von Dudley unbemerkt, hatte Rita Rosetti hinter ihrer Mutter gestanden.

„Slum?" fragte Frau Rosetti und runzelte die Stirn. „Ich weiß nicht, was das soll, aber mir gefällt dein Ton nicht, Rita!"

Ein paar Leute auf den unteren Treppenstufen sahen sich nach ihnen um.

„Lassen Sie nur, Frau Rosetti!" sagte Dudley schnell. „Rita hat ja bloß Spaß gemacht!" Sie sah Rita an und hatte eine Idee. „Komm doch mit in den „Treffpunkt" und iß einen Krapfen mit mir. Ich sterbe vor Hunger."

Rita wollte schon den Kopf schütteln, aber ihre Mutter faßte sie am Arm. „Na, geh schon, Rita!" befahl sie und schob sie fast gewaltsam die Treppe hinunter zu Dudley hin. „Amüsiert euch gut!"

Ohne sich anzusehen, gelangten die beiden Mädchen auf den Gehsteig und wandten sich nach Norden. Eine ganze Weile gingen sie schweigend nebeneinander her, während Dudley verzweifelt überlegte, worüber sie sich mit Rita unterhalten sollte. Sie waren in derselben Stadt aufgewachsen, sie kannte Rita seit dem ersten Schultag und wußte doch im Grunde gar nichts von ihr. Rita war so ganz anders – nicht etwa, weil sie Italienerin war. Sie zeigte für nichts Interesse, womit sich die anderen Kinder beschäftigten, ließ Frank nicht aus den Augen, hackte aber ständig auf ihm herum, war immer unfreundlich zu Hanna, zu ihr und zu den andern – eben so ganz anders.

Dudley hatte immer nur die Schultern über sie gezuckt. Aber jetzt war es plötzlich wichtig, sehr wichtig sogar, daß sie wenigstens einmal versuchte, sie richtig kennenzulernen. Rita sah auf und ihr direkt in die Augen.

„Also, Dudley?" fragte sie. „Wie geht es dir?"

„Danke, gut!" antwortete Dudley fast trotzig. „Wenigstens redest du mit mir!"

Rita zog die Augenbrauen hoch. „Umgekehrt! Wenigstens redest du mit mir!"

„Um Gottes willen, Rita", sagte Dudley, „was hast du bloß gegen mich?" Sie blickte hinunter auf den rissigen, zementierten Weg, über den sie dahinhasteten. „Mir hat eure Kirche sehr gut gefallen!"

Rita schwieg, aber Dudley bemerkte, daß sie plötzlich ein ganz anderes Gesicht machte – daß sie sie irgendwie vorsichtig abschätzend ansah.

„Es ist auch eine schöne Kirche", sagte sie schlicht, holte tief Luft und fügte rasch hinzu: „Und das ist auch ein schönes Kostüm!"

„Gefällt es dir? Ich finde die Farbe auch ganz toll." Sie sprudelte ihre Worte ebenso schnell heraus wie Rita. „Obwohl es so eine Art Welschrot ist!" Sofort trat ein kurzes, lastendes Schweigen ein, und Dudley dachte bestürzt: O Gott, was hab ich da bloß gesagt! Jetzt denkt sie wieder, mit „welsch" meine ich italienisch, und sie fühlt sich herabgesetzt und gekränkt! Als sie zur Seite blickte, war dort niemand mehr. Rita war mit rotem Gesicht beleidigt und wütend stehengeblieben.

„Ich hätt es mir ja denken können!" sagte sie, als Dudley zu ihr zurücklief. „Ich hätt es mir wirklich denken können und gar nicht erst mitgehen sollen!"

„Ich hab mir doch überhaupt nichts dabei gedacht, Rita. Es ist mir nur so herausgerutscht."

„Laß mich in Ruh!" rief Rita und versuchte sich loszureißen. Doch Dudley hielt sie weiter fest und kümmerte sich nicht darum, daß sie ein tolles Schauspiel bieten mußten, einen regelrechten Ringkampf mitten auf der Hauptstraße.

„Rita, ich hab dich doch nicht beleidigen wollen. Bestimmt nicht! Karlo nennt deinen Bruder immerzu ‚Makkaroni', und der lacht bloß darüber!"

Rita rief heftig: „Es ist ein himmelweiter Unterschied, ob es ein Freund ist, der einen so nennt, oder einfach irgend jemand. Aber das ist ganz typisch für dich, den Unterschied siehst du nicht. Du willst ihn auch gar nicht sehen – du bist völlig versponnen in deiner eigenen Welt und ignorierst einfach alles andere!"

Dudley wäre am liebsten in den Boden versunken bei Ritas schrecklichen Vorwürfen.

„Ich glaube, du kommst dir sehr mutig vor, daß du dich von deinem hochgestochenen, kleinen Berg heruntergetraut hast, aber du solltest lieber wieder zurückgehen. Und dort auch bleiben, denn die Leute hier unten im ‚Makkaroni-Viertel' pfeifen auf dich!" Bei den letzten Worten verschlug es ihr die Stimme, und schluchzend rannte sie den Weg wieder zurück.

Wie betäubt ging Dudley auf der Hauptstraße weiter. Wie konnte sie bloß dieses Wort gebrauchen? Warum war sie nur so gedankenlos gewesen? Sie schüttelte den Kopf und wußte, daß Ritas gekränktes Gesicht sie noch lange verfolgen würde. Was war eigentlich los? Alles, was sie in letzter Zeit tat, ging daneben.

Als sie an der Presbyterianer-Kirche um die Ecke bog und langsam die Shamrock-Allee hinaufstieg, wurde ihr bewußt, womit Rita sie am meisten getroffen hatte und was sie schon seit langem quälte: der Vorwurf nämlich, daß sie völlig in ihrer eigenen Welt versponnen sei und einfach alles andere ignoriere.

Das stimmt doch nicht, kein bißchen, redete sie sich ein, als sie die quietschende Gartenpforte öffnete. Das ist überhaupt nicht wahr!

Es schien Dudley, als habe sie sich verändert, seit sie Rocco begegnet war.

Dudley blieb an einem unbebauten Grundstück der Schule gegenüber stehen und bewunderte schweigend die wippenden Blüten des Klatschmohns und die bläulich-purpurnen Speere der wilden Lupinen, die aus dem dicht wuchernden Gras herausragten. Beim ersten Klingelzeichen packte sie ihre Bücher fester und lief über die Straße.

In der kühlen Dämmerung des Korridors, durchzogen vom typischen Geruch nach Schultafeln, Kreide und Putzmittel, kam es ihr vor, als sei sie ein ganzes Jahr und nicht nur eine Woche weggewesen.

Na, dann schauen wir mal, dachte sie, schluckte und war im Moment so nervös und unsicher wie ein Abc-Schütze. In der ersten Stunde hatte sie Englisch. Was heute wohl drankam? Ob wohl ihr Sonnenbrand und die vielen neuen Sommersprossen auffallen würden, die sie sich übers Wochenende am Strand geholt hatte? Der Lehrer war imstande, eine Viertelstunde lang seine Mutmaßungen darüber anzustellen, wie sie wohl in der vergangenen Woche zu dieser gesunden Gesichtsfarbe gekommen sein mochte. Wenn er damit anfängt, dachte Dudley beim Betreten des Klassenzimmers, sterb ich vor Scham.

Sie verschwand schnell auf ihrem Platz und war froh, daß sie wenigstens nicht zu spät gekommen war. Es blieb ihr auch keine Sekunde zum Umschauen, ob jemand zu ihr hersah.

Herr Bronston begann mit seinem Lieblingsthema, der letzten Hausaufgabe. Er schritt vor der Klasse auf und ab, seine honigsüße Stimme war immer wieder eine Überraschung bei seiner sportlichen, drahtigen Figur. „Es ist ja nicht so, meine Lieben, daß Sie nicht genügend Zeit gehabt hätten", tönte er, „denn Sie haben diese Aufgabe schon vor drei Wochen bekommen. Aber ich schätze, mindestens die Hälfte von Ihnen wird trotzdem sagen: ‚War denn das schon für heute auf, Herr Bronston?'" Er räusperte sich, nachdem er dies mit piepsiger Stimme vorgebracht hatte. „Ich jedenfalls habe die Absicht, Sie wie Studenten zu behandeln, was Sie ja – so Gott will und unserer höheren Bildungsanstalt gnädig ist – im kommenden Herbst schon alle sein werden."

Drei Wochen! dachte Dudley und wühlte wie eine Wahnsinnige in ihrer Mappe. Was war das bloß für ein Thema gewesen? Sie fand den Text und hätte fast laut aufgestöhnt. Eine Abhandlung von fünfzig Seiten über logisches Denken hatten sie lesen und sich auf eine Diskussion vorbereiten sollen. Sie machte sich ganz klein auf ihrem Platz. Vielleicht konnte sie schnell mal ins Buch schauen, sich ein oder zwei Sätze herauspicken und etwas improvisieren, für den Fall, daß er sie aufrief. Und dann – wie aus weiter Ferne – hörte sie ihren Namen.

„Und Sie, Dudley Anson", sagte Herr Bronston, und seine Worte schienen im Klassenzimmer widerzuhallen, „beweisen mir jetzt die Richtigkeit meines Standpunktes. Was haben Sie gerade gedacht?"

Dudley sah ihn bestürzt an. „Ich habe gedacht", begann sie und sprach in ihrer Verwirrung tatsächlich aus, was ihr durch den Kopf gegangen war, „ich gäb was drum, wenn ich noch schnell ins Buch schauen könnte." Einen Augenblick lang herrschte atemlose Stille, dann brach die ganze Klasse in schallendes Gelächter aus. Herr Bronston war fassungslos. Wenn hier jemand Witze machen durfte, dann war er das!

Ihr Blick glitt über die Bankreihen, alles lachte und sah zu ihr hin. Auch Hanna schüttelte sich wie die anderen, hielt aber ihrem Blick stand, und Dudley merkte an ihren Augen, daß sie ihr nicht mehr böse war. Dann rief Herr Bronston die Klasse wieder zur Ordnung.

„Seien Sie froh, daß Sie krank waren, Dudley", sagte er, „sonst würden Sie für Ihre Bemerkung die ganze Schärfe meines Witzes zu spüren bekommen." Als er sich zur Tafel umdrehte, winkte Hanna ihr zu. Es ist alles wieder gut, dachte sie mit Erleichterung und vergaß darüber Herrn Bronston und die Hausaufgabe. Was auch immer war, zwischen Hanna und mir ist alles wieder gut!

Nach der Stunde wartete Hanna vor der Tür auf sie. „Entschuldige", begannen beide gleichzeitig und mußten lachen.

„Zuerst du", sagte Hanna, als sie den Korridor entlangspazierten.

„Entschuldige, daß ich mich an dem Abend im „Treffpunkt" so blöd benommen habe, Hanna", sagte Dudley zögernd. „Ich weiß wirklich nicht, was da in mich gefahren war."

„Wahrscheinlich warst du ein bißchen eifersüchtig", meinte Hanna und warf ihr einen schnellen Blick zu. „Aber ich hab weiß Gott auch eine herrliche Szene gemacht!" Sie lächelte Dudley an. „Warum du jedoch eifersüchtig warst, werde ich allerdings nie begreifen, wo du doch mit Rocco zusammen da warst. Himmel, so wie der aussieht, das ist doch einmalig!" Dann fuhr sie etwas ernster fort: „Und entschuldige du bitte, daß ich überhaupt nicht angerufen habe, als du krank warst. Ja, die Männer!" stöhnte sie mit dem typischen Augenaufschlag. „Sie sind die Wurzeln alles Übels!"

„Mein Benehmen im ‚Treffpunkt' tut mir besonders deshalb so leid", begann Dudley vorsichtig, „weil, na ja, Tom und ich – als ihr beide getanzt habt . . ." Sie machte eine Pause und meinte dann: „Ich geb's auf, ich weiß nicht, wie ich das ausdrücken soll."

„Ich weiß auch so, was du meinst", sagte Hanna. „Dudley, ich muß dir was sagen —"

„Ach, die beiden Unzertrennlichen!" wurde sie von Fletcher Hicks unterbrochen, der lässig an seinem Spind lehnte. „Ich versteh durchaus, warum ihr so gute Freunde seid – ihr habt eben so viel gemeinsam, Tom Clement, beispielsweise!"

„Also, Fletcher Hicks", sagte Hanna gedehnt, „wenn ich nicht so genau wüßte, daß es dir Vergnügen macht, würde ich sagen, ich hasse den Boden, auf dem du herumkriechst."

„Hört, hört!" feixte Fletcher. „Was wird Tom denn jetzt eigentlich machen? Knobelt er, mit wem er zum Abschlußball gehen soll?"

„Scher dich zum Teufel!" sagte Hanna wütend, hakte Dudley unter und ging mit ihr weiter.

„Ich möchte bloß wissen, warum ich dem nie richtig rausgeben kann", sagte Dudley, als sie außer Hörweite waren. „Er trifft mich immer an einer empfindlichen Stelle, sobald er nur den Mund aufmacht."

„Wahrscheinlich hast du zu viele empfindliche Stellen", sagte Hanna. Und den Blick auf ihre Schuhspitzen gerichtet, platzte sie heraus: „Tom geht mit mir zum Abschlußball, Dudley. Das wollte ich dir noch sagen." Als sie wieder aufsah, hatte sie den gleichen gequälten Gesichtsausdruck wie an jenem Samstag, als sie Dudley erklärte, daß sie mit Tom zum Picknick fahren würde.

„Das macht doch nichts", sagte Dudley und blieb vor der Klassenzimmertür stehen. „Ehrlich, Hanna, ganz bestimmt nicht! Zwischen Tom und mir ist es sowieso aus, und ihr beide – na ja, ihr paßt doch wirklich sehr gut zusammen." Sie wollte schon zur Tür hineingehen, aber Hanna hielt sie am Arm zurück. Sie fragte:

„Trinken wir nach der Schule noch eine Cola zusammen?"

„Okay! Was auch immer ist, Hanna, ich bin froh, daß wir wieder die alten Freunde sind!" Als Dudley Hannas Figur sich gegen die große Glastür des Korridors abheben sah, fiel ihr auf, daß sie viel schlanker geworden war. Sie muß mindestens fünf Pfund in der letzten Woche abgenommen haben, dachte Dudley.

Sie betrat das Klassenzimmer und beschloß, erst mal nicht weiter über alles nachzudenken und sich in den restlichen Stunden auf den Unterricht zu konzentrieren.

Als das letzte Klingelzeichen ertönte und sie gerade zu ihrem Spind eilte, hörte sie Fräulein McPhersons Stimme. Höflich blieb sie an der Zeichensaaltür stehen.

„Ja, bitte?"

„Hast du ein paar Minuten Zeit, Dudley? Ich möchte gern mit dir sprechen."

Aber ich nicht mit Ihnen, dachte Dudley. Sie suchte nach einer Ausrede, als sie am Ende des Korridors Hanna und Tom auf sich warten sah. „Geht ruhig schon", rief sie ihnen kurz entschlossen zu. „Ich muß noch zu Fräulein McPherson." Sie winkte und sah die beiden zur Tür gehen. Dann drehte sie sich um und betrat den Zeichensaal, ungern zwar, aber es war immerhin noch das kleinere Übel. „Warum wollen Sie mich sprechen?" fragte sie unhöflich, denn sie wußte es ja ganz genau.

„Setz dich doch, Dudley", sagte die Lehrerin und wies auf einen Stuhl bei ihrem Schreibtisch. „Hast du an deine Zeichnungen gedacht, die ich der Kunst-Akademie schicken wollte?"

Statt sich zu setzen, ging Dudley ans Fenster und schaute zu den Schülern hinunter, die über die Treppe ins Freie strömten. „Ich hab sie vergessen", sagte sie leise.

„Hast du sie wirklich vergessen", fragte Fräulein McPherson freundlich, „oder wolltest du sie nicht mitbringen?"

„Ich glaube . . . ich wollte sie nicht mitbringen", gestand Dudley und sah der Lehrerin offen ins Gesicht. „Fräulein McPherson, ich möchte mich um das Stipendium nicht bewerben. Ich würde es sowieso nicht bekomemn. Und selbst wenn ich soviel Dusel hätte, ich will einfach nicht an diese Akademie."

Fräulein McPherson schüttelte den Kopf und betrachtete Dudleys gequältes Gesicht. „Kaum zu glauben, daß du dasselbe Mädchen bist, das ich vor drei Jahren im Unterricht kennengelernt habe, Dudley. Keiner war so kunstbegeistert wie du! Und jetzt hast du die Chance, auf eine Kunst-Akademie zu gehen, und willst sie nicht nutzen." Ihre grauen Augen sahen sie fragend an, doch Dudley schaute weg.

„Ich will einfach in Shamrock bleiben!" erklärte sie eigensinnig. „Weiterbilden kann ich mich auch hier – indem ich die Landschaft rund um Shamrock male."

Die Lehrerin stand auf. „Da du gerade davon sprichst, hast du das Bild eigentlich wiedergefunden, von dem du mir erzählt hast?"

„Nein! Ich hab es gar nicht erst gesucht. Hätte sowieso keinen Sinn gehabt. Es ist weg und damit basta", antwortete Dudley trotzig. Sie wußte genau, daß sie nur zu dem Haus von Roccos Onkel hätte zu gehen brauchen, um das Bild wiederzufinden. Es mußte ihr ja dort aus der Mappe gefallen sein. Aber sie wollte es jetzt sowieso niemandem mehr zeigen.

„Dudley", sagte Fräulein McPherson ernst, „warum willst du denn eigentlich nicht auf die Akademie? Neben der künstlerischen Ausbildung hättest du dort doch auch die Möglichkeit, noch anderes zu lernen, dich weiterzubilden, zu wachsen, und deine charakterliche Reife würde sich auch auf deine ganze Arbeit auswirken."

Dudley sah sie an. „Reife!" wiederholte sie. „In letzter Zeit hör ich überhaupt nichts anderes mehr als ‚Reife' oder ‚Erwachsenwerden'. Sie reden wie mein Vater! Glauben Sie denn, ich spiel etwa noch mit Puppen oder so?" Sie war sich ihrer Ungehörigkeit bewußt und dennoch überrascht, als Fräulein McPherson ganz rot wurde.

„Ich habe dir nicht vorwerfen wollen, daß du kindisch seist", versetzte sie irgendwie steif. „Ich verstehe nur nicht deine negative Einstellung –"

„Negative Einstellung!" fiel Dudley ihr ins Wort. „Warum ist das eine negative Einstellung? Das begreif ich einfach nicht! Ich finde, es ist durchaus eine positive Einstellung – positiv, daß ich in Shamrock bleiben will! Je mehr man mir das auszureden versucht, desto fester bin ich entschlossen, hier zu bleiben!" Sie drehte sich plötzlich um und lief zur Tür. „Ich will ja nicht unhöflich sein", sagte sie und blickte noch einmal zurück, „aber, ehrlich, Fräulein McPherson, ich finde wirklich, das geht Sie alles überhaupt nichts an!"

Damit verließ sie ohne Gruß den Zeichensaal.

„Ich will in Shamrock bleiben", erklärte Dudley eigensinnig

Daheim ging Dudley ins Haus und schlug die Tür hinter sich zu. Das Gedonner schien in dem leeren Raum widerzuhallen. Sie stand mitten im Wohnzimmer und atmete heftig. Hier bleib ich nicht, dachte sie. Ich mag nicht allein sein. In der Bibliothek sind wenigstens Leute um mich, und meine Hausaufgaben kann ich dort auch machen. In ihrem Zimmer suchte sie die Bibliotheksbücher zusammen, zog den alten, weißen Pullover an und ging durch die Vordertür aus dem Haus.

Zu ihrem Erstaunen stand, wie vom Himmel gefallen, Fletcher Hicks an der Gartenpforte. Sie dachte an Hannas Bemerkung, daß sie ihn ja bald nicht mehr ertragen müsse, und setzte ein freundliches Lächeln auf.

„Hallo, Dudley!" sagte er friedlich, stand bloß da und schaute sie an. Dudley wartete einen Moment, ob nicht eine verletzende Äußerung folgen würde, aber offensichtlich wollte er da schweigend Wurzeln schlagen.

„Also, mach's gut", sagte sie und wollte eilig zur Gartentür hinaus.

„Gehst du in die Bibliothek?" fragte er.

Dudley sah auf den Bücherstoß in ihrem Arm. Wenn ihm selbst eine so dumme Frage gestellt worden wäre, hätte er denjenigen zweifellos mit mindestens sieben beißenden Bemerkungen fertiggemacht. Sie wollte schon etwas Ironisches sagen, aber irgend etwas in Fletchers Blick hielt sie davon ab. Er sah so ... komisch aus. Zum erstenmal hatte er überhaupt nichts Spöttisches an sich. Sie nickte also nur.

„Ich würde dich gern begleiten ... und dir die Bücher tragen, aber ich muß noch in verschiedenen Gärten die Rasen mähen." Er ließ sich so weit hinreißen, sogar ein bißchen zu lächeln. „Darin bin ich ja Experte, wie du weißt."

Dudley sah ihn nur an und wunderte sich über sein ungewöhnliches Verhalten. Er langte rüber und machte ihr die Gartentür auf. „Ich würde gern was wissen", platzte er plötzlich heraus. „Jetzt, wo doch Tom mit Hanna zum Abschlußball geht, würde ich gern wissen, ob du vielleicht mit mir vorliebnehmen möchtest. Das heißt ...", er machte eine Pause, und Dudley bemerkte zu ihrer größten Überraschung, daß er bis über die Ohren rot wurde. „Das heißt, wenn du nicht mit jemand anders hingehen willst." Fletcher war verlegen, was sie nie im Traum bei ihm erwartet hätte, aber genau das war er. Und wollte sich mit ihr verabreden? Das war ja einfach umwerfend. Als sie ihn ansah, schlug er die Augen zu ihr auf und schien sichtlich zu versuchen, sich ein bißchen größer zu machen.

„Ja, Fletcher, ich . . .", und jetzt war sie an der Reihe, zu stottern und zu erröten. Sie wußte nicht, was sie sagen sollte. „Äh . . . kann ich dir das vielleicht später sagen?" Es folgte eine kurze Pause, und Dudley konnte beinahe zusehen, wie sich Fletchers Gesicht wieder völlig veränderte.

„Warum?" fragte er knapp. „Willst du erst noch ein besseres Angebot abwarten?"

„Aber nein!" rief sie. „Warum gehst du denn gleich so in die Offensive, Fletcher?"

„Die meisten Leute halten mich für offensiv", konterte er in seiner üblichen ironischen Art. „Na ja, war sowieso 'ne Schnapsidee. Schätze, du hast mir bloß leid getan oder so."

„Ach, Fletcher, ich wollte dich bestimmt nicht verletzen", sagte Dudley.

„Du schmeichelst dir", sagte er im Weitergehen. Dann blieb er noch einmal stehen und sah sie fest an. „Eins ist ja wohl mal sicher", fuhr er sie gereizt an, „mit dem Makkaroni-Fischer wirst du da bestimmt nicht aufkreuzen! Jeder hat ja gesehen, wie du dich über den neulich abends geschämt hast!" Er drehte sich um und machte sich eilig bergab auf den Weg.

Verwunderter noch als zuvor, starrte Dudley ihm nach. Kurze Zeit schien er so . . . nett fast. Und dann, als sie nicht ja sagte, war er gleich wieder der alte.

Das war ihr zu hoch. Sie ging in die Stadt. An der zugigen Ecke, wo sich die Hauptstraße und die Shamrock-Allee kreuzten, blieb sie kurz stehen. Fletcher hatte Rocco einen „Makkaroni-Fischer" genannt und ihr vorgeworfen, daß sie sich über ihn geschämt hätte. Und mit was für flammenden Worten hatte sie Rocco verteidigt? Mit überhaupt keinen. Abscheulich war sie. Abscheulich, weil sie mit keiner Silbe für ihn eingetreten war. Vielleicht war Fletchers Gemeinheit ein Schutzmantel, weil er klein war und im Grunde scheu und sich fürchtete, seine wahren Gefühle zu zeigen – aber gab es für ihr eigenes Verhalten eine Entschuldigung?

Sie eilte die breite, menschenleere Straße hinunter und überquerte den großen Rasen vor dem Bibliotheksgebäude.

„Hast du's aber eilig, Dudley!" rief einer der Jungen, die draußen auf der Teppe standen. „Mußt wohl noch büffeln für die Prüfung, was?"

Sie achtete kaum auf ihn und sah nicht einmal, wer es war. Warum habe ich mich nicht für Rocco eingesetzt? fragte sie sich, als sie in den ruhigen Raum kam und sich auf einen Stuhl fallen ließ. Warum habe ich Fletcher nicht gesagt, daß die einzige Person auf der ganzen Welt, deren ich mich schäme, ich selbst bin?

Sie knipste eine grüne Schirmlampe an, stützte die Ellbogen auf den hellpolierten Eichentisch und legte das Kinn in die Hand. Sie öffnete ihr Französisch-Buch, aber die Doppelzeilen mit den Verben tanzten vor ihren Augen, so daß sie die Hand an die Stirn legte und die Augen schloß. Quälende Fragen überstürzten sich in ihrem Kopf. Was war mit Hanna? Gönnte sie ihr Tom etwa nicht? Und Fletcher? Von ihm hatte sie eine ganz bestimmte Meinung gehabt. Warum tat er ihr plötzlich fast leid?

Und Rita? Sie konnte die schreckliche Szene vom Tag zuvor nicht vergessen. In erster Linie aber – was war mit Rocco? Es schien Dudley, als habe sie sich verändert, seit sie ihm begegnet war – irgendwie gespalten. Das war ihr an dem Picknick-Tag ganz bewußt geworden.

Kurz darauf schloß sie wieder die Augen, diesmal aber, um ein unregelmäßiges Verb durchzukonjugieren. Als sie sie wieder aufmachte, um sich zu kontrollieren, lag ein grauer Pappdeckel auf den Buchseiten. Er kam ihr sonderbarerweise auf den ersten Blick bekannt vor. Mit wachsender Erregung zog sie die Büroklammer von der einen Seite, und vor ihr lag, wie durch ein Wunder unversehrt, das verlorene Bild. Ganz langsam blickte sie auf. Vor ihrem Tisch stand Rocco und sah sie ernst an. Er stützte die Hände auf die Tischplatte und beugte sich zu ihr vor.

„Kommen Sie einen Moment mit raus, Dudley? Ich möchte mit Ihnen sprechen."

Dudley saß wie erstarrt da, und ihr Herz schlug laut.

Es bewegte sie sehr, wieder hier in dieser geliebten Gegend zu sein, und Roccos Gegenwart steigerte noch dieses Gefühl.

Dudley packte ihre Bücher, Hefte und das Bild weg und folgte Rocco wie betäubt. Den klapprigen Lieferwagen hatte er gleich vor der Bibliothek geparkt. Er ging voraus, öffnete die Tür, und mit einer Handbewegung bedeutete er ihr schweigend, einzusteigen.

„He, Dudley!" schrie einer der Jungen vom Bibliothekseingang herüber. „Sei bloß vorsichtig!" Sie achtete nicht auf ihn.

Als Rocco um den Lieferwagen herumgegangen war und zu ihr einstieg, gab sie sich einen Ruck und schaute ihn an. Obgleich er braungebrannt war wie nie zuvor, sah er schlecht aus.

„Wie haben Sie mich hier gefunden?" fragte sie beim Rattern des anspringenden Motors.

„Als Sie weder zu Hause noch im „Treffpunkt" waren, dachte ich, guckst erst noch mal hier rein, bevor du zum Kai runterfährst", antwortete er. Als der Wagen bei der Kirche abbog, sagte er: „Ich bin über eine Woche auf See gewesen, Dudley, und um ganz ehrlich zu sein, noch nie hab ich mich so . . . zerschlagen gefühlt." Er sah zu ihr hin. „Ich bin mit dem Boot rausgefahren, um Sie zu vergessen. Das klingt vielleicht komisch, aber ich hab anscheinend völlig das Augenmaß verloren für das, was komisch ist und was nicht. Ich bin immer stolz gewesen – stolz und glücklich. Was ich tat, fand ich richtig, und ich wußte immer, was ich wollte. Ich war stolz, meinem Onkel

„Bin ich nur – akzeptabel, wenn wir allein sind?" fragte er

zu helfen, und glücklich, daß ich ihm helfen konnte, auch wenn ich deshalb meine eigenen Pläne für eine Weile zurückstellen mußte. Und dann kamen Sie." Seine Stimme klang so hart, daß Dudley sich fast ein bißchen vor ihm fürchtete.

Sie waren bei Dudley angekommen, und er lenkte den alten Lieferwagen an den Bordstein. Er wandte sich ihr zu und legte den Arm auf die Rückenlehne. „Wir müssen über vieles reden, Dudley. Als ich heimkam und mein Onkel mir das Bild zeigte – er hatte es unter der Veranda gefunden –, ich kann Ihnen gar nicht sagen, wie mir da war. Ich hab Sie wohl zum ersten Mal richtig verstanden." Er wandte den Blick von ihr ab und sah zum Fenster hinaus in die beginnende Dämmerung. „Leider hab ich jetzt keine Zeit, um alles zu klären, was geklärt werden muß – was Sie zum Beispiel von mir denken. Wollen Sie mich überhaupt noch sehen, nachdem ich neulich so . . . so unfair zu Ihnen war? Unser Kahn muß dieses Wochenende ins Trockendock zur Reparatur." Er machte eine Pause. Dudley betrachtete sein Profil. Unfair? Er sei zu ihr unfair gewesen, fand er?

„Ich wollte auch mit Ihnen sprechen", sagte sie leise. „Ich . . . ich bin völlig durcheinander." Wieder schwiegen sie, aber als er sich ihr zuwandte, hellte sich ihr Gesicht plötzlich auf, denn sie hatte eine Idee. „Ich weiß was! Können Sie mich nächsten Samstag morgens um acht hier abholen?" Er nickte. „Ich möchte Ihnen gerne was zeigen – die schönste Stelle auf der ganzen Welt. Ich nehme etwas zum Picknick mit, und wir fahren zusammen hin. Dort können wir ungestört über alles reden."

„Ist das nicht schon wieder ein Beweis dafür, daß ich nur . . . akzeptabel bin, wenn wir allein sind?" fragte er tonlos. Aber als er ihr Gesicht sah, rief er: „Nein! Ich bin schon wieder unfair. Ein Picknick? Toll! Seit Jahren hab ich schon keins mehr mitgemacht!" Er lächelte verschmitzt und sah fast wieder so gutgelaunt aus wie früher.

„Also dann, bis Samstag um acht!" Sie legte kurz ihre Hand auf seinen Arm. „Ein paar Minuten eher wär's fast noch besser, denn der Zug geht ganz pünktlich."

„Der Zug?"

„Es ist bestimmt nicht weit, aber anders kommt man da nicht hin." Sie öffnete die Wagentür. „Nein", sagte sie, als er ebenfalls aussteigen wollte. „Sie haben es eilig, und ich geh sowieso gleich rein. Also dann, bis Samstag!" Leichtfüßig sprang sie aus dem Lieferwagen und rannte ins Haus. Sie machte die

Vordertür zu, lehnte sich mit geschlossenen Augen dagegen und versuchte, sich über ihr Gefühl klarzuwerden. Doch sie stellte nur fest, daß sie seit langem nicht mehr so glücklich gewesen war.

In dieser Woche konzentrierte Dudley sich ganz auf die Schule, nicht nur wegen der immer näherrückenden Abschlußprüfungen, sondern auch, weil es ein gutes Mittel war, die Wartezeit zu überbrücken. Endlich kam der Samstagmorgen. Noch ehe es richtig hell war, sprang Dudley aus dem Bett und lief zum Fenster. Der Blick auf die in dichten Nebel gehüllten Fichten war nicht eben ermutigend.

Ach was, dachte sie beim Anziehen, draußen im Vorgebirge ist es vielleicht schöner. Während sie in die Küche ging, zog sie sich den dicken, weißen Pullover über den Kopf.

„Nanu, so früh schon auf den Beinen?" fragte ihr Vater und setzte die Kaffeetasse ab.

„Ich fahr zu unsrer alten Stelle am Fluß, Vati. Ich . . . ich möchte sie Rocco zeigen."

„Was ist denn mit Tom Clement passiert?"

„Na ja, er und Hanna sind jetzt befreundet. Das ist aber gar nicht schlimm", fügte sie schnell als Erklärung auf seinen fragenden Blick hinzu. „Mit Tom und mir, das war nur reine Gewohnheit, schätze ich." Sie nahm acht Brotscheiben heraus und bestrich sie dick mit Butter. „Rocco gefällt dir doch, Dad, oder?"

„Ich kenne ihn ja kaum, aber mir gefällt seine Familie und sein Auftreten. Warum lädst du ihn nicht mal abends ein, damit wir uns ein bißchen unterhalten können?"

„Oh, Vati!" protestierte Dudley. „Worüber wollt denn ihr euch unterhalten? Er versteht nichts von Operationen und du genausowenig vom Fischen!"

„Dudley, manchmal hast du direkt was von einem Snob!" zog er sie ein bißchen auf.

„Überhaupt nicht", erwiderte sie und widmete sich eingehend den Broten, um ihren Vater nicht ansehen zu müssen. Sie belegte sie dick mit Schinken und einem großen Stück Käse obendrauf. Bei der Deckscheibe sparte sie nicht mit Senf und Mayonnaise. „Hoffentlich hat er auch ordentlich Hunger", murmelte sie, als sie ihren Proviant in Pergamentpapier wickelte und in einem Weidenkorb verstaute.

„Eigentlich hatte ich mit dir heute morgen reden wollen, Dudley", sagte ihr Vater. „Ich muß etwas ganz Wichtiges mit dir besprechen. Es betrifft unsere Zukunft – deine und meine."

„Wie wär's mit heute abend?" fragte Dudley. „Wir kommen ja nicht so spät zurück."

„Den Vorräten nach zu urteilen, die in deinem Korb verschwunden sind, könnte man annehmen, du kämst überhaupt nicht mehr wieder", scherzte er und stellte sich neben sie. „Ich ... ich bin heute abend nicht da." Etwas in seiner Stimme ließ Dudley aufhorchen.

„Heute ist doch nicht dein Stammtisch? Was hast du denn vor?" Je länger sie sich ihren Vater so ansah, desto nervöser fand sie ihn.

„Also", sagte er schließlich, „ich habe eine Verabredung."

„Eine Verabredung!" Dudley starrte ihn an.

„Na ja, wie soll ich es denn sonst nennen", sagte er unbehaglich. „Ich habe Helen McPherson zum Essen eingeladen."

„Fräulein McPherson? Du gehst mit Fräulein McPherson zum Essen?"

„Wieso denn nicht?" fragte er freundlich. „Sie muß tatsächlich auch was essen, obwohl sie Lehrerin ist. Ich hab sie schon dabei beobachtet."

Dudley legte noch einen großen Beutel Kartoffelchips in den Korb und warf den Deckel zu.

Die Vorstellung, daß ihr Vater mit ihrer Zeichenlehrerin ausging, war so unmöglich, daß sie es einfach nicht fassen konnte. Daß er mit ihr in die Kirche ging, konnte man ja zur Not noch verstehen – aber eine Verabredung!"

„Wo ist eigentlich das Bild, das du letzte Woche heimgebracht hast?" fragte er. „Ich hätte es Helen gern gezeigt."

„In meiner Mappe. Ich hol es dir", sagte sie zerstreut.

„Du hast recht gehabt, Dudley, das ist bei weitem das beste, was du je gemacht hast", erklärte er, als sie ihm das Bild brachte.

Dudley hörte ihm gar nicht richtig zu. Sie dachte immer noch über Fräulein McPherson und ihren Vater nach. Worüber unterhielten die sich eigentlich? Ob sie privat auch immer so das Haar geknotet trug? Wann zum Teufel hatte er sich überhaupt mit ihr verabredet – in der Kirche etwa? Und er hat sie schon mal essen sehen, sagte er? Wie oft hatten die sich denn schon getroffen? Sie sah ihren Vater an und suchte sich vorzustellen, wie er auf einen andern wirkte. Da läutete es an der Tür.

„Himmel, das ist Rocco!" Sie riß den Korb an sich, blieb aber noch einmal stehen und sah ihren Vater wieder an. Sie hätte gern noch etwas Nettes zu ihm gesagt, etwa, daß er nicht so spät nach Hause kommen sollte, wie er es auch immer zu tun pflegte, aber es ging ihr nicht über die Lippen. Sie streckte sich, gab ihm einen Kuß auf die Wange, sah ihn fragend an und lief dann zur Tür.

Dudley musterte Rocco unauffällig, als sie sich zwei Fensterplätze in dem einzigen Waggon des kleinen Zuges gesichert hatten. Er sah heute ganz besonders gut aus. Zum ersten Mal, seit Dudley ihn kannte, trug er nicht seinen Arbeitsanzug, sondern eine dunkle, weitgeschnittene Hose, ein weißes Hemd und darüber einen dicken, beigefarbenen Pullover mit spitzem Ausschnitt. Sie faltete die Hände im Schoß und lächelte ihn an.

„Also", fragte er, „wohin geht die Reise?"

„Wir haben da ein Grundstück am Shamrock-Fluß", antwortete Dudley. „Der ist dort aber ganz anders, schmaler und" – sie fuhr mit der Hand durch die Luft – „heiterer als hier, wo er sich zum Hafen ausweitet."

„Klar ist er dort ‚heiterer' ", neckte er sie, indem er das Wort besonders betonte, „da ist er ja auch jünger!"

Das Abfahrtssignal erschütterte die Luft, und sie hielt sich unwillkürlich die Ohren zu. Sie lehnten sich beide bequem zurück, als der Zug sich mit einem Ruck in Bewegung setzte.

„Wir haben früher immer den ganzen Sommer über dort draußen gewohnt, und Vati ist jeden Tag zur Sprechstunde in die Stadt reingefahren. Aber – aber seit drei Jahren machen wir das nicht mehr. Seit meine Mutter tot ist."

Der kleine Zug gewann zusehends an Geschwindigkeit. Nach kurzer Zeit hatten sie den Bahnhof hinter sich und schossen über die erste Brücke gleich hinter den Außenbezirken der Stadt. Dudley sah zum Fenster hinaus und stellte erleichtert fest, daß einzelne Sonnenstrahlen schon den Nebel zu durchdringen begannen, als die Bahn in sanfter Steigung bergauf fuhr.

„Sie werden sehen, Rocco", sagte sie, sich ihm wieder zuwendend, „es ist schön dort, und ich glaube, das war damals die glücklichste Zeit meines Lebens!"

„Manchmal", sagte er mit verschmitztem Lächeln, „reden Sie so, als wären Sie schon mindestens hundert Jahre alt."

Das Zugsignal heulte wieder auf, und sie verschwanden in einem Tunnel. Er herrschte völlige Dunkelheit. Plötzlich vergrößerte sich der kleine helle Lichtspalt am Ende des Tunnels. Sie kamen wieder ins helle Tageslicht, und die kleine Bahn tauchte auf der andern Seite des Berges aus der Dunkelheit auf. Dudley hielt den Atem an. Sie hatte diese Gegend schon drei Jahre lang nicht mehr gesehen und beinah vergessen, wie herrlich sie war. Sie fuhren durch tiefe Wälder. Zur Linken stand ein Wald aus hohen Tannen. Die Sonnenstrahlen drangen durch ihr hohes Geäst und ließen die Stämme aufleuchten. Das Flußufer, das rechts von der Bahnlinie steil abfiel, war mit einem Meer wilder Lupinen bedeckt. Der Zug fuhr in vielen Kurven auf den hohen Schienen dahin und ratterte auch schon über die nächste der vielen Brücken, die den Shamrock-Fluß überquerten. Der war hier schmaler, und sein grünliches Wasser umspülte das bunte Felsgestein an seinem Ufer.

„Dort hat das Abitur-Picknick stattgefunden", erklärte Dudley. Auf einer Lichtung erkannten sie flüchtig ein paar Zelte. Wie ein helles Band schimmerte der Fluß zu ihnen herüber. Rocco sah Dudley an, und sie wußte genau, was er dachte. Am Abend dieses Picknicks hatten sie ihren Krach gehabt. Sie fragte sich, warum nur ein Blick in seine dunklen Augen sie so erschauern lassen konnte. Sie sah zum Fenster hinaus. „Oh, gleich sind wir da!" rief sie lächelnd, langte hinauf und zog an einer Schnur, um das Haltezeichen zu geben. Rocco schnappte sich den Picknick-Korb, und schwankend traten sie auf den schmalen Gang hinaus. Mit einem Ruck blieb der Zug stehen, und der Lokomotivführer grinste Dudley an, als Rocco ihr die Stufen hinunterhalf.

„Nett, daß du dich hier mal wieder sehen läßt, Dudley", sagte er. „Und viel Vergnügen noch!" Mit lautem Pfeifen fuhr der Zug weiter und ließ sie auf einer leeren Holzplattform zurück. Nichts regte sich hier, außer einer leichten Brise, in der sich die hohen Wipfel der Tannen wiegten.

„Kommen Sie!" rief Dudley plötzlich, und zusammen liefen sie einen überwachsenen Pfad hinunter, an dessen Ende Dudley vor einem schmalen Steg über den Fluß stehenblieb. Sie stellte fest, daß es am Flußufer zu steinig sei. „Wir essen lieber hier", sagte sie entschlossen. „Stellen wir den Korb hier ab."

„Ja, Mama", sagte Rocco und grinste. Als er den Korb zu einer Erlenbaumgruppe gebracht hatte, winkte sie ihm, ihr zu folgen. Sie überquerten die Brücke und stiegen holzverschalte Stufen hinauf, die ihr Vater am Hang angelegt hatte. Schweigend wanderten sie über den dicken Nadelteppich. Dudley zeigte Rocco alles, von der kühlen Bergschlucht bis zu dem Feuergraben auf einer Lichtung zwischen den Bäumen. „Geschlafen haben wir in dem Bungalow dort", sagte sie und zeigte ihm ein Gebäude. „Und gegessen wurde in einem anderen Bungalow, weil – na ja, weil mein Vater das so wollte, nehme ich an." Ihre Augen füllten sich mit Tränen, als sie durchs Fenster spähte und sich ihre Mutter vorstellte, wie sie dastand und an dem alten Holzofen kochte. Sie beugte sich abrupt neben der Veranda nieder, die mit abgefallenen Blättern bedeckt war, und pflückte eine purpurfarbene wilde Iris. Sie blinzelte und sah sich die orchideengleiche Zeichnung der zarten, gekräuselten Blütenblätter an. Aber sie hatte sich gleich wieder gefangen.

Sie traten auf die langgestreckte Veranda, stellten sich Seite an Seite an das Geländer und sahen zum Fluß hinunter. „Hier haben wir immer gegessen", sagte Dudley. Dann zeigte sie auf einen bemoosten Baumstumpf. „Dort drüben sind immer Eichhörnchen herumgehüpft, die hatte ich besonders gern", sagte sie, „immer rauf und runter ... rauf und runter ..." Sie schien gar nicht aufhören zu können mit dem Erzählen. Es bewegte sie sehr, wieder hier in dieser geliebten Gegend zu sein, und Roccos Gegenwart steigerte noch dieses Gefühl. „Und dann all die Buchfinken, die sich hier in Scharen einfanden und schimpften, wenn man ihnen kein Futter hinstreute."

Plötzlich ein blaues Aufleuchten gegen das blasse Grün der Erle ihnen gegenüber, und da schilpte auch schon ein frecher Buchfink von einem wippenden Zweig zu ihnen herüber. „Sehen Sie", sagte Dudley und wandte sich lächelnd Rocco zu, „es hat sich überhaupt nichts verändert."

„Alles verändert sich, Dudley", sagte er; aber obgleich er sie mit einem warmen Blick anlächelte, sah sie weg und spürte, wie etwas sie warnte und ein leichter Ärger in ihr hochstieg.

Als er aber ihre Hand auf dem Geländer berührte, blickte sie schnell zu ihm auf, und aller Ärger war verflogen. Sie war von einer Zärtlichkeit erfüllt, die ihr die Kehle zuschnürte und die sie schon einmal in seiner Gegenwart empfunden hatte. Bei Tom war das nie so gewesen, nicht einmal, wenn er ihr einen Kuß gegeben hatte. Was, wenn Rocco sie küssen wollte? Bei dem Gedanken wurde es ihr fast schwindlig. Um ihre wachsende Verwirrung zu überspielen, steckte sie ihm einfach die Zunge heraus, als wäre sie noch ein Kind, und gab ihm zum Spaß einen Schubs. Hinter sich hörte sie das Geräusch seiner Schritte. Sie stürzte die Stufen hinab und über den Steg, während sie so laut lachte, daß sie fast in den Fluß geschliddert wäre.

„Wenn ich Sie kriege, schmeiß ich Sie rein!" schrie Rocco hinter ihr. Dudley sah über die Schulter zurück, als er gerade aus dem tiefen Schatten oberhalb des Flusses auftauchte und auch schon über den Steg stapfte. Sie wollte zum Flußufer hinunterlaufen, wo sie früher immer in der Sonne gelegen hatte, verfing sich aber gleich neben der Brücke im Riedgras. Und ehe sie sich freigekämpft hatte, spürte sie schon Roccos festen Griff an ihrer Schulter.

„Ha!" rief er und spielte den wilden Mann. „Einem Italiener entkommt man nicht! Wir sind nicht nur ein schöner Schlag, wir schlagen auch schön zu!"

Sie war von dem Sprint ganz außer Atem, drehte sich aber zu ihm um und lachte. „Furchtbar!" japste sie. „Das war der müdeste Witz, den ich je gehört habe! Außerdem hätten Sie mich nie bekommen, wenn ich nicht gestolpert wäre!"

„Aber jetzt habe ich Sie!" rief er aus. „Und Sie wagen es trotzdem, sich über meinen Witz lustig zu machen? Dafür müssen Sie bestraft werden!" Er hob sie hoch und wollte sie zum Wasser tragen.

„Bitte", protestierte sie schwach. „Sie haben ja keine Ahnung, wie kalt das ist! Ich will mich ja auch gern entschuldigen! Mir gefällt der Witz. Mir gefällt . . ." Ihre Stimme erstickte, als sie die Arme um seinen Hals klammerte, damit er sie nicht fallenlassen konnte. Als sie ihr Gesicht gegen seine Wange preßte, wurde ihr ganz heiß. Statt sie nun aber ins Wasser zu werfen, stellte er sie vorsichtig auf die Füße. Als sie den Kiesboden berührte, hielt er sie immer noch in seinen Armen.

„Dudley", sagte er zärtlich, und noch nie, fand sie, hatte ihr Name so schön geklungen. Er schob ihr Kinn zur Seite und gab ihr einen Kuß auf den Mund. Als er den Kopf hob, blieb Dudley an ihn gelehnt stehen und spürte seinen rauhen Pullover an ihrer glühenden Wange. Was machte es, daß sie aus verschiedenen Welten kamen! Nichts anderes zählte mehr, nur die Wärme und Zärtlichkeit in seinen Armen. Sie war von einem so tiefen Gefühl erfüllt, daß sie glaubte, sie würde umfallen, wenn er sie losließe. Er gab ihr noch einen Kuß und murmelte dann, während er sie ganz fest hielt: „Cara mia, meine Liebe!" Dudley merkte, daß sie Tränen in den Augen hatte.

Kurz darauf gaben seine Arme nach, und er hob ihr Kinn hoch. Er sah sie mit seinen braunen Augen lange an. „Wir müssen noch über so vieles miteinander reden, meine kleine Sommersprossennase", sagte er zärtlich. Und heute ist der richtige Tag dafür. Aber wie dem auch sei", fügte er hinzu und ließ seine Arme sinken, „ich sterbe vor Hunger!"

„Du willst jedem erzählen, daß du eine tolle Künstlerin geworden wärst, wenn du dich bloß nicht um deinen Vater hättest kümmern müssen."

Sie holte eine alte Wolldecke aus dem Weidenkorb und breitete sie im Halbschatten der Erlenbäume über den warmen Sand. Dudley wunderte sich, als sie feststellte, daß sie ebenfalls wahnsinnig hungrig war. Sie aßen fast alles auf, was sie mitgebracht hatte. Als sie satt waren, faltete sie das Papier zusammen und steckte es in den Korb. Dann lehnte sie sich gegen den weißen Stamm einer Erle, während Rocco sich neben ihr auf der Decke ausstreckte. Sie hatte nicht mehr das Bedürfnis, nur einfach so draufloszuplappern, und beobachtete eine glitzernde Libelle, die über dem grünen Wasser des Shamrock-Flusses schwebte. Sie war auch gar nicht mehr befangen, sondern fühlte sich ganz ruhig und glücklich. Ein winziger Fisch fuhr aus dem tiefen Wasser hoch, und Dudley betrachtete die Ringe, die sich an der Stelle bildeten, an der er wieder verschwunden war.

„Erst einmal möchte ich mich entschuldigen", unterbrach Rocco das Schweigen. Er lag immer noch da und hatte die Augen geschlossen. „Noch nie bin ich so barsch zu jemand gewesen wie zu dir an dem Abend, als all deine Freunde von dem Picknick da plötzlich zu uns hereinplatzten. Es war nicht fair — dir vorzuwerfen, daß du dich über mich geschämt hast." Er setzte sich jäh auf, stützte sich auf die Ellenbogen und sprach ernst weiter. „Ich bin anders als alle, die du kennst — ich rede anders — ich komme aus einem anderen Land — aus anderen Verhältnissen. Aus diesem Grund hast du so reagiert, als deine jungen Freunde hereinkamen. Es war nicht fair, dir Vorwürfe zu machen, weil ich mich verletzt fühlte."

Dudley schluckte. Was sollte sie sagen? „Alle meine jungen Freunde", ahmte sie ihn dann nach. „Wer spricht jetzt so, als wär er schon mindestens hundert Jahre alt? Wie alt bist du übrigens?"

„Du hast es mit einem alten Mann zu tun", sagte er. „Nächsten Monat werde ich zwanzig." Wieder fuhr eine Forelle hoch und bildete einen Silberbogen gegen den dunkelgrünen Fluß. „Da wir grade davon sprechen", sagte er, „in drei Wochen hat mein Onkel Geburtstag, und ich soll dich und deinen Vater bitten, uns abends feiern zu helfen. Das ist am zwölften Juni."

Am Abend vor der Abschlußfeier, dachte Dudley. „Gern kommen wir!" sagte sie.

Es war kein Laut zu hören außer dem leisen Plätschern des Wassers in ihrer Nähe und dem Summen der Insekten.

„Erzähl mir was, Dudley", bat Rocco plötzlich. „Warum hast du das traurige Bild von dem alten Kahn gemalt? Wenn ich dich so ansehe, bist du doch das fröhlichste und netteste Mädchen, das ich kenne. Was ist das in dir, das dieses traurige Motiv ausgewählt hat? Als ich das Bild zum erstenmal sah, wußte ich sofort, warum ... warum du beschlossen hast, in Shamrock zu bleiben. Ich frage mich, ob ich recht habe."

Dudley drehte sich um und sah zu ihm hinunter, der Schatten lag wie ein unregelmäßiges Mosaik auf seinem Gesicht. Die Welt der Verwirrung, Zweifel und Sorgen schien so weit weg, viel weiter als die wenigen Meilen bis zur anderen Seite des Berges. Sie wollte nicht darüber sprechen, ja, nicht einmal daran denken.

„Es ist doch nur ein Bild", sagte sie. „Du siehst da viel zuviel hinein, es hat gar keine tiefere Bedeutung." Vorsichtig berührte sie seine ausgestreckte Hand.

„Es ist aber sehr gut!" Seine Finger schlossen sich kurz um ihre Hand, und er lächelte zu ihr herauf. „Erzähl mir etwas von deiner Freundin Hanna. Das ist doch die, zu der du an dem Abend so gemein warst. Ich kenn sie zwar nicht, aber sie hat mir auf Anhieb gefallen. Ist das deine beste Freundin?"

Dudley erzählte ihm alles von Hanna und ihren Plänen, und dann auch von Tom und dessen Plänen und daß sie früher mit ihm gegangen war, jetzt aber Hanna und Tom miteinander gingen.

„In Wirklichkeit", sagte sie und blickte zu ihm hinab, „muß ich mich bei dir entschuldigen. Ich weiß wirklich nicht, warum ich so gewesen bin an diesem Abend." Sie hatte sehr schnell gesprochen.

„Verbringen wir doch nicht den Rest dieses schönen Tages mit gegenseitigen Entschuldigungen", sagte er. „Ein Landsmann von dir, seinen Namen weiß ich nicht mehr, hat mal gesagt: ‚Entschuldigungen sind überflüssig. Fremde nehmen sie einem sowieso nicht ab, und bei Freunden sind sie nicht nötig.' Oder so ähnlich jedenfalls."

Sie lächelte und konnte dann plötzlich über vieles mit ihm reden – über die schöne Zeit, die sie mit ihren Eltern hier am Fluß verbracht hatte, und wie schwer sie den Verlust empfand, als ihre Mutter starb. Sie beschrieb ihre Beziehung zu ihrem Vater, daß sie fast das Gefühl hatte, ihn beschützen zu müssen. Im Eifer des Gesprächs beugte sie sich vor und schlang die Arme um ihre Knie.

„Nur deshalb will ich in Shamrock bleiben", sagte sie eindringlich. „Es steckt überhaupt kein großes Geheimnis dahinter, keine Traurigkeit wie bei dem Bild. Ich habe einfach das Gefühl, daß hier mein Platz ist, weiter gar nichts." Und als Nachsatz fügte sie noch hinzu: „Ich hab nicht etwa Angst oder so!" Sie blickte wieder zu ihm hinab und merkte, daß er sie besorgt ansah.

„Heute ist anscheinend ein Tag, an dem ich meine ganze Autorität geltend machen muß", begann er, aber sein Tonfall war ernster als seine Worte. „Stammt das nicht von Konfuzius: ‚Ein Bild sagt mehr aus als tausend Worte'?"

„Du, trau dich bloß!" rief sie plötzlich. „Du guckst mich an und redest – du predigst wie mein Vater! Und wenn du so weitermachst . . . laß ich einen Felsblock auf dich runterrollen, das schwör ich dir, du!"

Er lächelte, stand auf und zog sie zu sich hoch. „Ich will dir doch keine Predigt halten, kleines Mädchen", sagte er, und als sie den Schalk in seinen Augen sah, hob sie die Hand, als wollte sie ihn schlagen. Bevor sie das aber konnte, nahm er sie in die Arme und gab ihr einen Kuß. Sie klammerte sich an ihn, und dann hörten sie in der Ferne das lästige Geräusch des herannahenden Zuges. Er hob den Kopf. „Müssen wir mit diesem Zug zurückfahren?" fragte er leise.

Mit leuchtenden Augen und noch ganz benommen nickte Dudley nur. „Wenn du mich weiter so ansiehst, muß ich dir noch einen Kuß geben, und dann versäumen wir bestimmt den Zug", sagte er. Sie packten ihre Sachen zusammen, lachten und klopften sich den Sand und die Blätter von den Kleidern. Dudley gab ihm den Korb, er ging den Pfad zu den Schienen voraus und zog sie hinter sich her. Als sie oben angekommen waren, blieb er stehen und streichelte zärtlich ihre Wange. „Diesen Tag werde ich nie vergessen", sagte er. Bevor Dudley antworten konnte, war der Zug schon da. An den Rädern zischte der Dampf heraus, Türen klappten rasselnd auf. Beide stiegen ein und suchten sich diesmal Plätze auf der Seite zu den Bergen hin.

Rocco nahm Dudleys Hand. Sie schaute zum Fenster hinaus und sah die majestätischen Tannen vorüberfliegen. Aber merkwürdig, je näher sie Shamrock kamen, desto mehr veränderte sich Dudleys Stimmung. Der himmlische Frieden und das Wunder dieses gemeinsam verbrachten Tages begannen mit dem Sonnenlicht zu verblassen. Als der Zug auf der anderen Seite den Tunnel verließ, tauchten sie wieder in dichten Nebel ein — in einen so dichten Nebel, daß man nicht hätte sagen können, ob es Morgen, Nachmittag oder Abend sei. Dudley kam es plötzlich so vor, als wäre der Nachmittag nur ein Tagtraum gewesen.

Als der Zug in den kleinen Bahnhof einfuhr, hörte sich selbst sein schrilles Pfeifen gedämpft an. Sie stiegen aus, und Dudley war plötzlich furchtbar müde. Rocco half ihr in den Lieferwagen, und als er auf der andern Seite zustieg, rückte sie ganz dicht an ihn heran.

Er hielt ihr die Gartentür auf, und sie stiegen langsam die Steinstufen zur Veranda empor. Warum fühle ich mich so allein? dachte Dudley. Ist es der Nebel? Oder weil der Tag vorbei ist? Oder was sonst?

„Erzähl mir was, Rocco", bat sie unvermittelt. „Was wolltest du mir heute noch alles über mein Bild sagen?"

„Ich dachte, du wolltest es nicht hören, Dudley", antwortete er, und etwas in seiner Stimme machte ihr Angst. War es mit seiner guten Stimmung auch vorbei?

„Doch, ich will", sagte sie, blieb vor der Veranda stehen und versuchte, in der Dunkelheit sein Gesicht zu erkennen. Draußen auf der See stöhnte klagend das Nebelhorn.

„Bestimmt nicht richtig", sagte er. „Nach allem, was du mir heute erzählt und, vor allem, was du mir nicht erzählt hast. Du hast eine Art, nicht zuzuhören oder wild zu werden, wenn jemand was sagt, was du nicht hören willst, daß ich . . ."

„Nun gerade!" drängte Dudley, lachte nervös und fragte sich, warum sie es auf einmal unbedingt wissen wollte.

„Na schön, irgendwer muß es dir ja schließlich sagen!" Er legte seine Hand auf ihren Arm. „Dudley, das redest du dir doch bloß ein, daß du zu Hause bleiben willst, weil du dich um deinen Vater kümmern mußt. Aber das ist doch einfach nicht wahr! Du willst hierbleiben, weil du Angst hast, erwachsen zu werden, und weil du davor Angst hast, Shamrock zu verlassen und in der Welt draußen deinen Mann zu stehen. Du hast Angst, zu versagen, unterzugehen wie Emils Kahn! Lieber willst du hierbleiben und jedem erzählen, daß du eine tolle Künstlerin geworden wärst, wenn du dich bloß nicht um deinen Vater hättest kümmern müssen. In Wirklichkeit aber bist du es, die Halt bei ihm sucht, nicht umgekehrt. Das einzige, was dich davon abhält, fortzugehen und dich weiterzubilden – und erwachsen zu werden –, ist deine kindische Furcht. Angst zu haben ist ganz natürlich, Dudley; das geht den meisten Menschen so. Aber die Erwachsenen gestehen es sich ein – und gewinnen dadurch die Kraft, ihre Angst zu überwinden."

Sie versuchte sich loszureißen.

„Dudley, liebe Dudley", sagte er und hielt ihren Arm fester, „ich wollte dich nicht verletzen. Ich . . . "

„Du hast kein Recht, so mit mir zu reden", sagte sie und merkte, wie sich ihre Lippen vor Wut spannten. „Du", sagte sie und ihre Stimme klang ganz schrill, „gerade du erzählst mir, ich bin nicht erwachsen, weil ich nicht zur Kunst-Akademie will oder so!" Irgendwie fühlte sie sich sicherer, weil sie ihn nicht sehen konnte. „Was verstehst denn du schon davon, du Makkaroni-Fischer!" Sie riß sich von ihm los und stolperte die Stufen hoch. „Ich wollte, ich hätt dich nie gesehen!" schrie sie, als sie ins Haus lief und die Tür hinter sich zuknallte.

Sie warf sich aufs Bett, und ihr Schluchzen übertönte alle andern Geräusche, auch das des anspringenden Motors und das Gerumpel, als der alte Lieferwagen die nebelverhüllte Straße hinunter zurück zum Hafen von Shamrock fuhr.

„Kein Wunder", sagte Dudley leise, „kein Wunder, daß ihr mich loswerden wollt."

In den nächsten Tagen mußte Dudley noch ordentlich büffeln, und sie war froh, daß sie so viel zu tun hatte. So blieb keine Zeit, um nachzudenken, und auch nicht, um mit ihrem Vater zu reden.

Ich will nicht mit ihm reden, dachte sie, als sie eine Woche später am Wohnzimmertisch saß. Worüber hatten er und Fräulein McPherson sich wohl unterhalten, als sie gemeinsam essen gegangen waren? Hofften sie immer noch, sie würde im Herbst nach San Francisco gehen? Warum machten sie überhaupt ein solches Aufhebens von ihr? Gleichzeitig fragte sie sich aber, warum sie eine solche Wut auf Rocco bekommen hatte.

Sie versuchte, die Gedanken an Rocco zu verdrängen, aber unwillkürlich hatte sie sein ausdrucksvolles, braungebranntes Gesicht doch immer wieder vor Augen. Wie konnte sie nur so vieles an ihn erinnern, da sie sich doch bloß so kurze Zeit gekannt hatten? Immer wenn sie nicht mit irgend etwas stark beschäftigt war, wenn sie nicht für die Prüfungen lernen mußte oder sich nicht mit den anderen über die Abschlußfeier unterhielt, sah sie ihn im Geiste vor sich, ernst, oder wie er bei ihrem Picknick gewesen war, als er sie küßte oder als er gesagt hatte, den Tag würde er nie vergessen. Na ja, es ist aus, dachte sie, und es ist gut so.

Am Freitag vor der letzten Unterrichtswoche kam das Gymnasiums-Jahrbuch „Shamrock-Blätter" heraus. Das war immer ein großer Tag, und Dudley erinnerte sich, wie sie die Oberklassen früher immer beneidet hatte, weil sie so viel Spaß zu haben schienen, und wegen der Bilder und wegen der Aufmerksamkeit, die sie überall erregten. Lautes Gelächter war durch die stillen Korridore gedrungen, wenn sich die Schüler auf den unmöglichsten Schnappschüssen wiedererkannten oder ihren Namen an einer unerwarteten Stelle fanden, beispielsweise in den Jux-Anzeigen am Schluß des Buches.

Dudley blätterte geistesabwesend in dem Buch und stellte nur ganz sachlich fest, daß ihre Zeichnungen in der Reproduktion gut herauskamen.

„Hallo, Dudley!" Sie blickte auf und sah in das breit grinsende Gesicht einer Schülerin aus den Unterklassen. „Ist es nicht toll?" fragte das Mädchen begeistert. „Das habt ihr, das Komitee und du, wirklich toll gemacht. Ich finde, das sind die besten ‚Blätter', die es je gab!" Sie reichte Dudley das schwere Buch und einen Halter. Dudley legte es auf die Knie, beugte sich vor, schrieb schnell ihren Namen hinein und sah die Schülerin auch schon durch den Korridor davonwetzen. Alle sind so begeistert, dachte sie. Und mich läßt es ganz kalt. Sie wollte in ihre Klasse gehen, als jemand sie am Arm festhielt. Es war Hanna.

„Treffen wir uns hier nach der Schule?" fragte sie, und Toms hohe Gestalt neben ihr war nicht zu übersehen. Dudley konnte Hannas strahlenden Blick kaum ertragen. Teils freute sie sich für Hanna, aber sie fühlte sich selbst so elend, daß es ihr direkt weh tat, einen anderen so glücklich zu sehen.

„Ja, gut", murmelte sie. Ihr würde schon eine Ausrede einfallen, daß sie nicht mit ihnen zusammensein mußte.

Aber nach einer Stunde warteten beide auf sie, und Dudley sah keine Möglichkeit, ihnen zu entkommen.

„Gehn wir nach draußen", sagte Hanna. „Du mußt noch was in mein Buch schreiben. Hoffentlich fällt dir auch was ein, von mir jedenfalls bekommst du einen schön kitschigen und sentimentalen Spruch." Ohne Tom zu beachten, paßte Dudley sich

Hannas Schritten an. Sie gingen hinaus in die helle Nachmittagssonne und setzten sich auf die breiten, weißen Treppenstufen.

„Da!" sagte Hanna, reichte Dudley das Buch, und sie kritzelte schnell etwas hinein. Als Hanna es gelesen hatte, sah sie auf und hatte Tränen in den Augen. „Mit das Beste auf dieser närrischen Welt ist unsere Freundschaft!" hatte Dudley geschrieben und ihren Namen daruntergesetzt.

„Mir fällt doch nichts Sentimentales ein", bekannte Hanna. „Mein Hirn macht da nicht mit." Dudley las, was Hanna unter ihr Bild gekritzelt hatte:

Hier ruht in Frieden
Hanna die Fette,
Die stets tat lieben
Dudley die Nette.

„Die stets tat lieben!" wiederholte Tom verächtlich. „Das ist schon keine dichterische Freiheit mehr!"

„Reim dich oder ich freß dich", meinte Hanna lachend.

„Ach, Hanna!" rief Dudley, „das ist typisch du! So was Ähnliches hab ich schon erwartet."

„Und ‚Frieden-lieben', ein ausgesprochen unreiner Reim!" mäkelte Tom weiter.

„Himmel, Hanna", fuhr Dudley fort, „du bist ja gar nicht mehr dick!"

„Weiß ich, weiß ich", antwortete Hanna und sah an ihrer schlanken Figur herunter, als könnte sie es trotzdem nicht recht fassen. Ein Glitzern zog Dudleys Blick an. Sie nahm Hannas rechte Hand, und da trug sie einen Ring, eine kleine, in Gold gefaßte Perle.

„Wie hübsch, Hanna! Ist das schon ein Geschenk zum Schulabschluß?"

„Er ist von Tom", sagte Hanna scheu. „Wirklich hübsch, nicht?"

„Heißt das . . . "

„Nein", sagte Hanna schnell, „nicht eigentlich. Tom muß noch so viele Jahre studieren und ich noch so vielen armen kranken Menschen ins Leben zurückhelfen." Sie zuckte die Achseln.

Tom fuhr ihr durchs Haar und verwuschelte es, während er stolz zu Dudley herüberlächelte. „Man könnte so sagen: Wir haben uns gelobt, uns zu verloben."

Frank Rosetti stand plötzlich auf und machte ein todernstes Gesicht. Er ging zu Tom und schüttelte ihm die Hand. „Gefällt mir gar nicht, einen so guten Menschen sich schon so früh ins Unglück stürzen zu sehen!" sagte er. „Willst du dir das nicht doch noch überlegen?"

„Frank Rosetti, halt du den Mund!" rief Hanna. Frank grinste sie an. „Komm!" sagte er zu Karlo, der auf den Stufen saß und Bücher signierte. „Ich sag dir später, wie man deinen Namen schreibt." Karlo schob die Bücher weg, und eine wilde Hetzjagd begann.

„Jetzt bin ich dran, Dudley", sagte Tom und reichte ihr sein Buch. Zu ihrer Überraschung fühlte sie sich zum ersten Mal seit dem Abitur-Picknick Tom gegenüber gar nicht mehr befangen. Schnell schrieb sie: „In alter Freundschaft – Dudley." Als sie das Buch zurückgab und ihn anlächelte, wußte sie plötzlich, daß sie sich trotz allem gut verstanden und alles wieder in Ordnung war zwischen ihnen.

„Ach, da bist du ja, Dudley Anson!" hörte sie Fletcher Hicks sagen, der sich mit Penny zu ihnen gesellte, den Arm lässig um ihre Schultern drapiert. „Du bist die einzige, die sich noch nicht in mein Buch eingeschrieben hat." Er ließ Penny los und warf Dudley das Jahrbuch zu. Sie merkte, wie sie rot wurde, als sie sich niederbeugte und lediglich ihren Namen unter ihr Bild setzte. „Sehr originell!" sagte Fletcher, als sie ihm das Buch zurückgegeben hatte.

„Was hast du denn erwartet?" fragte Hanna trocken, „etwa: ‚Dies schrieb ich mit meinem Herzblut' oder so?"

„Du bist ein Witzbold, Hanna", sagte Fletcher, ohne zu lächeln. Und dann: „Na, Dudley, was ist, willst du mich nicht bitten, auch was in deine ‚Blätter' zu schreiben?" Sie gab ihm schweigend ihr Buch, und als sie es zurückbekam, klappte sie es ungelesen zu. Fletcher zog die Augenbrauen hoch. „Kindisch!" sagte er. „Komm, Penny, wenn du mir 'ne Cola spendieren willst, dann gehn wir jetzt."

Als sie fort waren, stand Tom auf. „Kommst du mit uns in den ‚Treffpunkt'?"

„Geht nur schon vor. Ich muß erst noch meine Sachen holen. Ich komm dann nach." Sie blieb einen Moment stehen und sah, wie die beiden Hand in Hand langsam über die Straße gingen. Dann nahm sie das dicke grüne Buch und schlug die Seite mit Fletchers Bild auf.

„Für Dudley", stand in Fletchers großer Schrift ganz unten auf der Seite, „die seit der Erfindung des Köderfisches mehr für die Fischerei in Kalifornien geleistet hat als irgendwer sonst." Sie wandte sich um und ging langsam ins Schulgebäude zurück, um ihre Sachen zu holen.

Am Sonntag war der blaßblaue Himmel mit zarten Schäfchenwolken bedeckt – ein typischer Junitag. Dudley rutschte auf ihrem Platz in der Kirche hin und her und versuchte, sich auf die wohlklingende Stimme von Dr. Bentley zu konzentrieren, der auf der Kanzel seine Predigt hielt. Es waren die üblichen Sprüche für Schulentlassene, die das ganze Leben noch vor sich hätten und voller Vertrauen und Zuversicht in die Zukunft blicken sollten. Dudley sah ihre Klassenkameraden ernst und feierlich vor sich hinstarren. Hörten sie ihm eigentlich zu? fragte sie sich, oder waren sie ebenso nervös und zerstreut wie sie?

Jedesmal, wenn Dr. Bentley von der strahlend hellen Zukunft sprach, schweiften ihre Gedanken ab. Ihr Vater – ihr Blick glitt durch den weiten Raum, bis sie ihn in einer Bank entdeckte. Er hatte Helen McPherson mitgebracht, und beide schienen Dr. Bentley aufmerksam zu lauschen. Gerade als Dudley hinsah, beugte er sich vor, flüsterte ihr etwas zu, und sie lächelte. Warum sah sie heute so anders aus? fragte sich Dudley und merkte dann, daß sie sich die Haare hatte abschneiden lassen. Wie sie so dasaß und ihren Vater anlächelte, schien sie ein völlig anderer Mensch zu sein als die Zeichenlehrerin, die Dudley kannte. Auch ihr Vater sah anders aus. Oder nicht? fragte sie sich, während sie ihren Blick wieder auf Dr. Bentley richtete. Vielleicht kam ihr jeder heute anders vor.

Schließlich war die Predigt zu Ende, die jungen Leute standen auf und verließen in Reih und Glied die Kirche. Draußen bildeten sich Gruppen um jeden Abiturienten, und es wurde freundlich auf sie eingeredet. Dudley ging zu ihrem Vater und zu Fräulein McPherson.

„Meine herzlichsten Glückwünsche, Dudley!" sagte sie.

„Danke", erwiderte Dudley und wandte sich ihrem Vater zu. „Fahren wir heim, Dad? Mir langt das hier!"

„Gewiß, Dudley", sagte er und blickte zu ihr herunter. „Fühlst du dich nicht wohl?"

„Ich brauch deinen ärztlichen Rat nicht", sagte sie und milderte die harten Worte durch ein freundliches Lächeln. „In der nächsten Woche kommt noch so viel auf mich zu . . ."

„Na schön." Ihr Vater verabschiedete sich noch kurz von Dr. Bentley, und dann gingen alle drei zu Dr. Ansons Wagen. Warum kommt denn die mit? dachte Dudley mürrisch, als sie Fräulein McPhersons Kopf mit den kurzgeschnittenen hellen Haaren vor sich sah. Scheint überall dabeisein zu müssen. Kein Wunder, daß ich mit Dad nicht sprechen konnte, dachte sie und übersah, daß sie mit ihm überhaupt nicht hatte sprechen wollen und ihm möglichst aus dem Weg gegangen war.

Als sie zu Hause ankamen, täuschte Dudley Kopfschmerzen vor, entschuldigte sich und ging in ihr Zimmer.

Die Woche mit den Abschlußfeierlichkeiten verbrachte Dudley wie im Traum. Am Montag, als die verschiedenen Preise verliehen wurden, mußte Hanna sie anstoßen, damit sie auf die Bühne ging, um die Plakette für ihre hervorragenden künstlerischen Beiträge für die Schülerzeitung und das Jahrbuch entgegenzunehmen.

Am Dienstag sah sie zu, wie Tom Clement als Klassensprecher traditionsgemäß die Jahreszahl ihrer Schulentlassung in die Täfelung der Vorhalle der Schule schnitzte. Die ganze Oberklasse stand um ihn herum und verfolgte gespannt, wie er das Messer in das weiche Holz stach und die Zahlen formte. Aber Dudley konnte nur mit großer Mühe stillstehen. Was sollte das alles!

Dann kam der Mittwoch, der Tag der Generalprobe für die Abschlußfeier. Als sie vor den leeren Stuhlreihen auf der Bühne standen, fürchtete Dudley, sie würde noch anfangen zu schreien, wenn nicht bald alles vorbei wäre. Endlich waren sie fertig, und alle lachten und unterhielten sich um sie herum.

„Kommst du mit?" fragte Hanna, als sie auf Dudley zukam. Dudley schüttelte den Kopf. „Ich hab keine Lust, Hanna." Nach der Generalprobe wurde, der Tradition zufolge, immer ein Picknick veranstaltet. Aber Dudley meinte, da allein mitgehen und sich die aufregenden Zukunftspläne der anderen anhören zu müssen, ginge einfach über ihre Kraft.

„Komm doch mit, Dud", drängte Hanna. „Es wird dir ewig leid tun, wenn du das versäumst!"

„Nein!" sagte Dudley kurz. „Und bitte hör endlich auf, mich ‚Dud' zu nennen."

„Entschuldige", sagte Hanna und sah sie traurig an.

„Nun guck schon nicht so, ich freß dich ja nicht gleich. Zieh du nur ab mit Tom. Ich . . . ich hab außerdem Kopfschmerzen. Wir sehen uns dann morgen!"

Sie winkte ihren Freunden noch kurz zu, die sich in ihre Autos quetschten, schüttelte den Kopf, als sie aufgefordert wurde, mit einzusteigen, und eilte möglichst schnell davon.

Müde kam sie zu Hause an. Als sie die Gartentür zugeschlagen hatte, blieb sie kurz bei den Rhododendrongebüschen stehen und betrachtete die Blüten, die zwischen den hellgrünen Blättern schon zu welken begannen. Ich bin genauso schlapp wie ihr, dachte sie. Auf der Veranda angekommen, machte sie leise die Tür auf. Sie sah ihren Vater vor dem Kamin stehen.

„Du bist schon zu Hause, Vati?" fragte sie überrascht.

„Das wollte ich dich auch gerade fragen!" erwiderte er. „Du weißt doch, daß ich am Mittwoch nachmittag keine Sprechstunde habe, aber warum bist du nicht beim Picknick wie die andern?"

„Ich habe keine Lust", antwortete Dudley und wollte in ihr Zimmer gehen. Dann, wie vor Wochen an jenem Abend, tauchte Fräulein McPherson aus dem großen Ledersessel ihres Vaters auf.

„Ist irgend etwas passiert, Dudley?" fragte sie mit sanfter Stimme.

„Nein", antwortete Dudley kurz und war nicht einmal überrascht, sie hier zu sehen. „Muß denn immer was passiert sein?"

Helen McPherson sah Dudleys Vater kurz an. „Nein, natürlich nicht, Dudley. Nur . . . na ja, du siehst so schrecklich unglücklich aus, und es ist besonders schmerzlich für mich, dich so unglücklich zu sehen, da ich . . . " Sie wurde rot und konnte nicht weitersprechen. Sie sah wieder Dr. Anson an.

Dudleys Vater ging durchs Zimmer und legte seine Hände auf ihre Schultern. „Ich wollte es dir schon die ganze Zeit sagen, Dudley. Wir haben uns entschlossen, zu heiraten."

Das ganze Zimmer drehte sich um Dudley. „Was?" flüsterte sie. Fräulein McPherson kam und stellte sich neben Dudleys Vater.

„Helen und ich wollen heiraten", sagte er noch einmal. „Und wir hoffen, du bist mit uns glücklich darüber!"

Dudley starrte ihn an. „Kein Wunder", sagte sie leise, „kein Wunder, daß ihr mich loswerden wollt!" Sie merkte, wie das Blut in ihren Adern stockte. „Kein Wunder, daß ihr versucht habt, mir diese Kunst-Akademie so schmackhaft zu machen, und –", ihre Stimme erstickte, sie drehte sich um, rannte aus dem Zimmer, schlug die Tür hinter sich zu und raste zur Gartenpforte hinunter, so schnell sie konnte.

„Jedenfalls war ich blind und selbstgefällig, und das tut mir leid."

Dudley griff nach ihrem Fahrrad, schob es durch die Gartentür und fuhr wie wahnsinnig mit wehenden Haaren die Shamrock-Allee hinunter. Sie mußte fort von hier.

Sie erreichte den Zypressenhain im Süden der Stadt und hätte fast die Balance verloren, als sie sich bewußt wurde, daß es sie die ganze Zeit zur alten Brücke zog. Als sie das fahle

Schiffsgerippe vor sich aus dem grünen Fluß ragen sah, warf sie das Rad ins Gras und rannte den gewundenen Pfad hinunter, während sie mit zugeschnürter Kehle zu schluchzen begann. Sie stolperte mühsam durch den Sand. Als sie den klobigen, verrosteten Rumpf von Emil Sorensons Kahn direkt neben sich sah, stürzte sie sich hin und überließ sich ihrem Schmerz.

Sie weinte, wie sie seit dem Tod ihrer Mutter nicht mehr geweint hatte, laut und hemmungslos schluchzend. Wie konnte er nur? dachte sie immer und immer wieder. Wie konnte er ihre Mutter so vergessen? Wie konnte er auch sie selbst so vergessen? Was sollte jetzt bloß aus ihr werden? Bei jedem Gedanken, der ihr durch den Kopf schoß, übermannte sie erneut der Schmerz. Eins war jedenfalls völlig klar: An sie hatte ihr Vater überhaupt nicht gedacht, kein bißchen! Dann war ihr Kopf plötzlich ganz leer, sie lag da ruhig am Ufer, und nur ihre Schultern zuckten etwas, wenn sie aufschluchzte. Bis – nach sehr langer Zeit – das Schluchzen immer seltener wurde.

Schließlich öffnete sie die Augen. Sie blickte an ihrem ausgestreckten Arm entlang. Winzige, buntschillernde Sandkörner hatten sich in den hellen Härchen verfangen. Sie schluckte, als sie das Prickeln auf der Wange spürte, die sie sich im Sand fast wundgescheuert hatte. Während sie sich erfolglos das immer noch feuchte Gesicht abwischte, richtete sie sich aus ihrer unbequemen Lage auf und starrte Emils Boot an. Da lag es herum, häßlich und sinnlos, ein rostiger Schandfleck in dem hellen Wasser. Aus dieser Perspektive hatte es gar nichts Schönes oder Romantisches an sich, es war nichts als eine menschliche Fehlleistung. Plötzlich stand sie auf.

Was tu ich hier überhaupt? fragte sie sich. Was tu ich hier allein am Ufer und starre den ollen Kahn an? Was ist los mit mir? Ich liebe meinen Vater und habe ihn dennoch verletzt, so sehr ich nur konnte. Ich liebe Rocco und hab ihn trotzdem für immer fortgeschickt. Und warum das alles? Sie starrte wieder Emils Kahn an. Wie trostlos und öde der wirkte! Ich glaube, ich habe doch Angst gehabt, gestand sie sich ein. Mein Bild hat mich verraten, wenn ich es auch nicht zugeben wollte. Und das haben mir alle die ganze Zeit klarzumachen versucht.

Vater will also wieder heiraten. Sie versuchte dieses Vorhaben objektiv zu betrachten, versuchte sich vorzustellen, wie er die ganzen Jahre gewesen war – überarbeitet, fast immer müde, stets um sie besorgt und sehr allein. Sie dachte an sein glückliches Gesicht, als er ihr mit Helen McPherson die Neuigkeit eröffnet hatte. Ich habe kein Recht, ihm das zu nehmen, dachte Dudley.

Sie ging hinüber zu dem sonnengebleichten Holzklotz, auf dem sie schon vor Wochen gesessen hatte. Meine Mutter ist tot, sagte eine Stimme in ihr. Ich werde sie nie vergessen und mein Vater auch nicht, das weiß ich genau. Aber sie ist tot, und ich muß mich damit abfinden. Diese so lange verdrängte Erkenntnis hatte ihr Gemüt verdüstert. Vati kann nicht nur für mich leben. Er braucht einen Partner, der im Alter zu ihm paßt. So wie ich auch. Sie mußte daran denken, wie elend sie sich die ganzen Wochen gefühlt hatte, nachdem sie Rocco aus ihrem Leben verbannt hatte. An die Leere in ihr, die Bedeutungslosigkeit der bestandenen Prüfung, an den Alptraum, zu dem ihr ganzes Leben geworden war.

Wie recht Rocco doch gehabt hatte. Dankbar hätte sie ihm sein müssen für das, was er gesagt hatte, statt so um sich zu schlagen. Ihre Reaktion an jenem Abend im Nebel hatte bewiesen, daß ihr aber auch jedes Mittel recht war, der Wahrheit auszuweichen. Sie hatte ihn mit voller Absicht beleidigen und verletzen wollen. Konnte es dafür überhaupt eine Entschuldigung geben?

Sie stand von dem Holzklotz auf und wanderte langsam zurück zum Uferpfad. Wie geht es nun weiter? dachte sie. Du bist noch nicht erwachsen und hast Angst und gestehst es dir ein. Und was jetzt? Sie kam zu ihrem Fahrrad, ging aber daran vorbei und zur Brücke. Ich werde nach Hause zurückkehren, beschloß sie, als sie sich über das Geländer beugte und ihr verwackeltes Spiegelbild im Wasser betrachtete, und ich werde meinem Vater gratulieren. Ich werde ihm sagen, daß ich es mit der Akademie wenigstens mal versuchen will. Dann werde ich ihm und Helen McPherson alles Gute wünschen. Sie schluckte, weil sie schon wieder einen Kloß im Hals spürte.

Sie ging zurück zu ihrem Rad, schob es herum und fuhr langsam nach Hause zurück. Na ja, der Anfang wäre gemacht, dachte sie.

Als sie ins Haus gehen wollte, hörte sie die elektrische Säge ihres Vaters. Sie sprang von der Veranda und lief zur Garage. Er beugte sich gerade über die Säge, sah mit gerunzelter Stirn zu, wie das Blatt sich in ein Brett fraß, und hörte sie nicht die Tür öffnen. Es roch sehr stark nach frischem Holz, und Sägemehl flog überall herum. Dudley wartete, bis das Kreischen aufhörte und das abgesägte Stück zu Boden polterte. Dann sagte sie leise: „Vati?"

„Dudley!" rief er und kam um die Säge herum auf sie zu. „Wo warst du?"

Es gab so viele Möglichkeiten, diese Frage zu beantworten, daß sie nicht wußte, wie sie beginnen sollte.

„Dudley, ich muß dir etwas sagen. Es war nicht richtig von mir – von uns –, dich so mit dieser Neuigkeit zu überfallen. Ich hätte das anders machen müssen. Vor allem sollst du wissen, daß niemand – und Helen begreift das vollkommen – jemals –"

„Das brauchst du mir gar nicht zu sagen, Vati", fiel Dudley ihm ins Wort. „Ich weiß, daß niemand Mutter ersetzen kann. Aber ich weiß auch, Mutter hätte nie gewollt, daß wir beide nur . . . nur ihrer Erinnerung leben." Sie merkte, daß sie das aussprach, was Rocco ihr an dem Abend hatte klarmachen wollen, als sie ihn weggeschickt hatte. Sie versuchte, den Gedanken an ihn, der ihr die Kehle zuschnürte, zu verdrängen.

„Dudley . . . ", begann ihr Vater.

„Nein, laß mich zu Ende reden. Ich möchte mich entschuldigen, daß ich vorhin so abscheulich zu euch war. Ich . . . ich werde mich auch bei Fräulein McPherson entschuldigen." Sie senkte vor dem leicht erstaunten Gesicht ihres Vaters den Blick.

„Vati, ich bin unten am Fluß gewesen und war, na ja, ziemlich unglücklich. Und ich hab geheult und geheult. Mir scheint, ich mußte erst am Grund aufstoßen, bevor ich wieder hochkommen konnte. Aus irgendeinem Grund hab ich erst da, als ich am Flußufer den Kopf immer wieder in den Sand schlug, angefangen zu begreifen, was ihr alle mir schon lange beizubringen versucht habt."

Als einmal der Anfang gemacht war, hatte sie keine Mühe mehr, die richtigen Worte zu finden. Und das stolze Gefühl, das sich auf dem Heimweg in ihr zu regen begonnen hatte, wurde stärker und stärker, als sie jetzt das Gesicht ihres Vaters sah.

Als sie schließlich fertig war, umarmte er sie fest. „Dudley, ich hätte wissen müssen, daß du von ganz allein darauf kommen würdest – auf deine Weise."

„Ich . . ich ruf jetzt Fräulein McPherson an", sagte sie rasch, denn sie wollte das hinter sich bringen. Sie gab ihm schnell noch einen schlecht gezielten Kuß auf die Wange und lief aus der Garage.

Helen McPherson nahm ihre Entschuldigung so verständnisvoll und nett entgegen, daß Dudley anschließend auch noch den Mut fand, zu Rita Rosetti zu gehen. Aber als sie ihr Haus erreichte, blieb sie doch erst lange auf der Veranda stehen, bevor sie sich aufraffen konnte, zu klopfen. Und als sie das getan hatte, schien das kurze Anschlagen mit den Handknöcheln in der ganzen Straße widerzuhallen. Die Tür ging auf.

„Rita", sagte Dudley schnell, „schlag mir bitte nicht gleich die Tür vor der Nase zu. Ich . . . ich möchte mit dir sprechen."

Rita Rosetti sah sie einen Moment schweigend an. „Ich würde dir nie die Tür vor der Nase zuschlagen, Dudley", sagte sie in vernünftigem Ton. „Du bist hier bei mir zu Hause; du bist ein Gast. Ich würde nie so unhöflich sein!" Sie sah sie noch einmal kurz an. „Hat es einen bestimmten Grund?"

„Ja", sagte Dudley. „Oder nein, nicht eigentlich. Darf ich . . . darf ich reinkommen? Können wir eine Minute miteinander sprechen?"

„Na gut." Rita führte sie durch einen schmalen Flur in ein kleines Zimmer, das kümmerlich möbliert war. Ein Kruzifix war der einzige Wandschmuck. „Bei dir sieht es natürlich anders aus", sagte Rita spöttisch, „oder jedenfalls kann ich mir das vorstellen."

„Oh, Rita, mach es mir doch nicht noch schwerer", sagte Dudley traurig. „Ich bin gekommen, um mich bei dir zu entschuldigen." Sie fuhr mit der Hand durch die Luft. „Ich weiß schon, die bloße Floskel ‚entschuldige bitte' macht längst nicht alles wieder gut. Aber ich muß dir was sagen. Du hast recht gehabt, Rita. Ich war wirklich wie in einem versiegelten Raum. Ich sah nur, was ich sehen wollte. Schließlich hab ich aber trotzdem erkannt, daß es zum Erwachsenwerden gehört, die Dinge und Menschen so zu sehen, wie sie wirklich sind. Vor allem mich selbst. Alle haben versucht, mir das beizubringen, aber ich mußte allein dahinterkommen." Erregt ging sie zum Fenster und starrte durch die grobe Spitzengardine hinaus. „Und was habe ich mit Rocco gemacht? Ich hab ihn weggeschickt und gesagt, er soll mich in Ruh lassen. Ich hab ihn Makkaroni-Fischer geschimpft. Ich wollte ihn verletzen. Ich weiß auch nicht, warum."

Sie versuchte, Ritas abgewandten Blick auf sich zu lenken. „Jedenfalls war ich blind und selbstgefällig, und das tut mir leid. Was sonst noch dahintersteckt, weiß ich nicht, nur daß ich jetzt vieles ganz anders empfinde."

Dudley kam es wie eine Ewigkeit vor, bis Rita endlich aufsah. Ihr Gesicht war unbewegt.

„Schön wär's ja!"

„Rita, du bist völlig zu Recht mißtrauisch."

Rita sah sie ruhig an. „Kannst du . . . kannst du dich erinnern, was ich an dem Tag zu dir gesagt habe, Dudley?"

Dudley nickte. „Daß ich da oben auf dem Berg bleiben soll – sicher in meiner eigenen Welt."

„Ja. Weißt du, ich glaube nämlich, daß du nie im Leben Sorgen gehabt hast, und alles" – sie schluckte heftig – „außer dem Tod deiner Mutter ist immer nach deinem Kopf gegangen. Und du wolltest, daß es immer so bleibt. Das ist etwas, was mir" – sie stand vor ihr und gestikulierte mit beiden Händen – „was mir an dir aufgefallen ist, und ich hab es bemerkt, weil das bei mir immer anders war."

Dudley nickte, ihre Worte überschlugen sich nur so. „Ich glaube, ich habe Rocco und dich mit einem Etikett versehen, damit ich euch nicht ernst zu nehmen und nicht auf euch zu hören brauchte." Sie setzte sich plötzlich auf die makellos weiße Bettdecke mit den Troddeln.

Rita setzte sich neben sie. „Ich hab auch irrsinnige Angst vor dem Studium, Dudley!"

„Du hast Angst?" rief Dudley und sah Rita erstaunt an. „Wovor denn? Du bist doch das intelligenteste Mädchen der ganzen Schule!"

„Ach ja, intelligent!" sagte Rita achselzuckend. „Trotzdem hab ich Angst, daß ich vielleicht kein Stipendium kriege, und ich hab Angst, wenn ich es kriege, ob ich dann da auch zurechtkommen werde." Und mit ihrem bekannten spöttischen Gesichtsausdruck setzte sie hinzu: „Ich meine, mit den anderen, Dudley. Frank ist der beliebte Rosetti-Zwilling, vergiß das nicht."

„Rita, weißt du, manchmal denk ich, du forderst die Aufzieherei und . . . die Beleidigungen direkt heraus. Du gibst dich so, als würdest du direkt erwarten, daß man dich verletzt."

„Viele tun das ja auch", sagte Rita und sah Dudley dabei durchdringend an. Dudley wich ihrem Blick nicht aus.

„Ich weiß, Rita. Aber warum ist das bei Frank nicht so?"

„Ach, Frank! Der scharwenzelt ja auch immer um eure Clique herum und benimmt sich richtig affig dabei." Dudley war froh, daß Rita nicht mehr jedes Wort genau überlegte.

„Das find ich nicht! Er ist offen und ehrlich und kümmert sich kein bißchen drum, ob er ein Italiener ist oder sonst was. Er ist einfach ein netter, freundlicher Bursche, der will, daß man ihn gern hat; und das tun dann ja auch alle. Rita, du hast gesagt, ich igle mich ein, aber tust du das nicht vielleicht auch?"

Wieder trat ein langes Schweigen ein. „Es ist nicht einfach, hören zu müssen, daß man mir den gleichen Vorwurf machen könnte wie dir", sagte Rita langsam. „Aber vielleicht hast du recht", fügte sie nachdenklich hinzu. „Vielleicht sollte ich wirklich mehr wie Frank sein. Aber es wird mir schrecklich schwerfallen, mich jetzt zu ändern."

Dudley erkannte, wieviel es Rita gekostet haben mußte, das zu sagen. Sie stand schnell auf. „Und mir wird es schrecklich schwerfallen, mich mit der Tatsache abzufinden, daß ich ein verwöhntes, voreingenommenes Gör war, das auch noch Angst hatte, sich seine blöde Furcht einzugestehen!" Sie lachte unsicher. "Aber wenigstens haben wir den Anfang gemacht."

"Ja", sagte Rita, und ein zaghaftes Lächeln spielte um ihre Mundwinkel. Dudley lächelte zurück.

"Jetzt muß ich aber nach Hause. Wir sind heute abend zu Herrn Gambrinis Geburtstag eingeladen. Aber, o Gott, Rita, wie soll ich Rocco bloß vor die Augen treten? Ich bin überzeugt, der will mich gar nicht mehr sehen."

Rita legte zögernd ihre Hand auf Dudleys Arm. "Erzähl ihm einfach, was heute gewesen ist, genauso wie mir."

"Ich glaub, das kann ich nicht."

"Das hast du wahrscheinlich auch gedacht, ehe du zu mir kamst." Rita lächelte wieder. "Und dann ging es doch. Sprich lieber heute mit ihm, bevor es noch schwerer wird." Sanft schob sie Dudley durch den Flur.

An der Haustür blieb sie stehen. Dudley drehte sich um. "Ich hoffe, du hältst mich nicht für komplett verrückt, aber ich möchte dir danken, daß du mir den Kopf gewaschen hast."

"Ach, weißt du, eigentlich bist du gar nicht so übel."

"Danke, Rita", sagte Dudley lächelnd und lief die Treppe hinunter. "Wir sehen uns dann ja bei der Abschlußfeier."

„Ich bin sehr überrascht, daß du hierher gekommen bist, in das Haus eines Makkaroni-Fischers."

Als sie ein paar Stunden später in dem schwarzen Wagen ihres Vaters zu den Gambrinis fuhr, focht Dudley noch immer viele Kämpfe mit sich aus.

Es berührte sie doch sehr eigenartig, Helen McPherson da neben ihrem Vater auf dem Vordersitz zu sehen. Es wird eben eine Weile dauern, bis ich mich daran gewöhnt habe, dachte sie.

Aber, wie sie vorhin zu Rita gesagt hatte, der Anfang war wenigstens gemacht. Während sie auf Fräulein McPhersons Rücken starrte, dachte Dudley an die Kunst-Akademie. Morgen mußte sie den Antwortbrief schreiben. Vielleicht hatten sie ihren Platz jetzt schon anderweitig vergeben. Hoffentlich! Aber sie schüttelte sofort den Kopf. Das war die alte Dudley, die so dachte. Die neue Dudley wollte tapfer und ehrlich sein.

Dann polterten sie über die alte Brücke, und sie konnte rechts im Fluß die Fischerboote liegen sehen. Sie seufzte. Ihren ganzen Mut würde sie aufbieten müssen, die alte und die neue Dudley, um sich diesem Abend zu stellen. Was würde Rocco zu ihr sagen? Was würde er tun? Aber wichtiger noch, was sollte sie zu ihm sagen?

Dr. Anson lenkte den Wagen bergauf an der Häuserreihe über dem Kai entlang, fuhr dann um die weite Kurve und parkte hinter den vielen andern Autos, die gedrängt auf der

Sie konnte im Fluß die kleinen Boote liegen sehen

engen Fahrbahn standen. Die Fenster des einfachen Häuschens waren hell erleuchtet. Musik und Gelächter drangen bis zu ihnen heraus. Sie gingen auf den weißen Holzzaun zu, der ihnen blaß entgegenschimmerte, und Dudley meinte, man müsse ihr Herz schlagen hören – selbst bei dem Lärm der Party, der mit jedem Schritt lauter wurde.

Auf ihr Klopfen öffnete Herr Gambrini die Tür und rief, als er sie sah: „Oh, Dr. Anson und Dudley! Buona sera, guten Abend! Kommen Sie doch herein!" Während er sie gewandt begrüßte, schob er Tapato vorsichtig mit dem Fuß hinaus.

„Herzlichen Glückwunsch zum Geburtstag, Guido!" dröhnte Dr. Anson. „Ich habe noch einen Gast mitgebracht. Helen, das ist Guido Gambrini, Guido, das ist Helen McPherson. Schön, daß Sie uns eingeladen haben, Guido, und gut sehen Sie aus!" Das Zimmer war gesteckt voll mit Leuten, die nickten und lächelten. In einer Ecke schmetterte ein Plattenspieler. Eine Unterhaltung war nur schreiend möglich.

Dudleys Augen schweiften durch den Raum, aber Rocco konnte sie nicht erblicken. Was, wenn er gar nicht da war, wie sie fast annahm? Was, wenn er wieder aufs Meer hinausgefahren war, wie schon einmal?

„Rosa ist in der Küche", sagte Herr Gambrini. „Hier ist Wein. Bedienen Sie sich doch bitte. Sie kennen ja alle hier." Er bahnte sich den Weg durch das kleine Zimmer und entschuldigte sich unentwegt, weil er dauernd jemanden anstieß. Dudley zog sich in einen kleinen Erker neben der Eingangstür zurück, stand zwischen einem Stuhl und einem langen Tisch und hielt ein geschliffenes Glas mit Bowle in der Hand.

Die Küchentür ging auf, Frau Gambrini kam herein und trug ein vollbeladenes Tablett mit dampfenden Pizzastücken. Gleich hinter ihr folgte Rocco. Jedenfalls hielt Dudley ihn auf den ersten Blick dafür. Sie blinzelte. Ach nein, es war jemand anders, nicht ganz so groß und ein bißchen älter. Das Herz war ihr fast stehengeblieben, als sie dachte, daß er es gewesen sei. Jetzt schlug es nur dumpf und tat weh.

Herr Gambrini schlängelte sich wieder zu ihrem Vater durch. „Rosa kommt sofort. Ich glaube, meine Mutter und meinen

Neffen John kennen Sie noch nicht. Er hat gerade seinen Militärdienst abgeleistet und wird jetzt in Südkalifornien Jura studieren. Er ist mit meiner Mutter zu Besuch bei uns." Dudley sah, wie ihr Vater einer kleinen, grauhaarigen Dame und dem unbekannten Jungen die Hand schüttelte. Nachdem sie einander vorgestellt worden waren, legte die alte Dame ihre Hand auf John Gambrinis Arm. „Er war bei den Fliegern", sagte sie stolz, „drunten in Pepsi Cola, Florida!" Alles lachte, und statt daß jemand verlegen gewesen wäre oder versucht hätte, ihr zu erklären, daß sie Pensacola meine, begannen John und Herr Gambrini sie nur aufzuziehen.

„He, patino!" rief John jemandem durchs Zimmer zu, „hast du das gehört?"

„Hab ich, compare", rief eine schmerzlich vertraute Stimme zurück. Dudley drehte sich rasch um, und es war Rocco. Diesmal blieb ihr das Herz wirklich fast stehen. Bis sie hier seinen Kopf mit den schwarzen Haaren wiedersah, hatte sie ja keine Ahnung gehabt, wie sehr er ihr fehlte.

Sie sah, wie seine Augen ihren Vater entdeckten und dann das Zimmer absuchten, bis sie sich mit den ihren trafen. Rocco stellte ein Tablett mit Pizza auf den Tisch und bahnte sich den Weg zu ihr. Irgend jemand legte eine neue Platte auf, und eine von Rossinis Ouvertüren donnerte los.

Als Rocco sie erreichte, war es unmöglich, auch nur ein Wort anders als schreiend zu wechseln.

Sie sah in sein ernstes Gesicht und fragte sich, ob sie je wieder den Schalk in seinen Augen entdecken würde. Sie reckte sich und sagte direkt in sein Ohr: „Gehn wir eine Minute nach draußen." Er nickte, faßte ihren Ellenbogen und führte sie auf die Veranda. Dudley hörte das Bumpern von Tapatos Schwanz, als Rocco die Tür hinter dem Lärm und Getöse schloß.

Im Vergleich dazu war es auf der Veranda direkt still. Sie konnte Roccos Gesicht gerade noch erkennen, denn er stand im matten Lichtschein, der aus einem der Fenster fiel.

Dudleys Mut sank dahin.

„Äh . . . wie habt ihr euch eben genannt, dein Vetter und du?"

„Er ist mein Taufpate", antwortete Rocco. „Der Täufling heißt patino und der Taufpate compare. In italienischen Familien nennen sich diese beiden nie bei ihren Namen, sondern immer nur so." Er hatte das Wort „italienischen" besonders betont, und Dudley merkte, wie ihr Mund ganz trocken wurde. Sie konnte einfach nichts sagen.

„Ich bin sehr überrascht, daß du hierher gekommen bist", sagte er schließlich mit kalter Stimme.

Ihr traten die Tränen in die Augen. „Ich hab es wohl nicht anders verdient, Rocco, aber ich bin gekommen, weil ich dich bitten wollte, mir zu verzeihen, was ich zu dir gesagt habe. Ich . . . ich weiß, was ich gesagt habe, denn ich hab es mit Absicht getan. Ich wollte . . . dich verletzen, weil du mich verletzt hattest."

„Wie ein Kind!" sagte er leise.

„Ja, wie ein Kind", erwiderte sie und legte die Hand auf seinen Arm, unsicher und verzagt. Wie sollte sie ihm das alles erklären, wenn sie sein Gesicht sah, wie sollte sie ihm erklären, was sie heute am Fluß plötzlich alles begriffen hatte? „Du hast recht gehabt, Rocco", versuchte sie es. „Alles, was du mir an . . . an unserem Picknick-Tag gesagt hast, hat gestimmt." Ihre Stimme klang ganz dünn und leise. Glaubt er mir nicht? dachte sie. Wie kann ich ihn denn überzeugen? Was soll ich denn bloß sagen, daß ich das auslösche, was ich damals gesagt habe? Sie versuchte ihm in die Augen zu sehen. Dann fragte sie zögernd: „Gehst du morgen abend mit mir zum Abschlußball meiner Klasse?"

Seine Stimme schien aus weiter Ferne zu kommen. „Eine sehr großzügige Einladung, Dudley. Wenn sie auch ein bißchen spät erfolgt." Die Tür sprang auf.

„Rocco? Dudley?" Es war Herr Gambrini. „Kommt rein, kommt schnell rein! Wir wollen einen Toast auf Dr. Anson und seine Verlobte ausbringen, und das wollt ihr doch nicht versäumen!"

Versäumen! dachte Dudley wie erstarrt und blinzelte, als sie in das helle Zimmer trat. Ich hab doch anscheinend alles versäumt.

8-3724-8

„Du bist gekommen",
sagte sie ungläubig, „du
bist trotzdem gekommen."

Hinter den Kulissen der kleinen Bühne stand eine feierlich-ernste Abiturklasse. Dudley sah auf das winzige Zifferblatt der Armbanduhr, die sie von ihrem Vater zum Schulabschluß bekommen hatte. Es war fünf vor acht. Fünf Minuten hatte sie noch Zeit bis zu ihrem Auftritt. Sie verließ ihren Platz und eilte in die hintere Reihe.

„Hanna", flüsterte sie, „hast du Angst?"

„Nein", flüsterte Hanna zurück. „Das ist doch hier ein alter Hut, nicht anders als gestern bei der Generalprobe."

„Das mein ich doch nicht", antwortete Dudley. „Ich meine, hast du Angst vor ... vor der Universitäts-Klinik und vor der Zukunft?"

„Genau der richtige Augenblick, so was zu fragen!" sagte Hanna. „Klar hab ich einen schrecklichen Bammel. Ich komm fast um vor Angst! Wahrscheinlich werd ich schon ohnmächtig, wenn ich den Operationssaal bloß von weitem sehe. Aber warum fragst du?"

„Weil's mir auch so geht", sagte Dudley leise. „Ich mußte es dir einfach schnell noch sagen, Hanna. Ich geh auf die Kunst-Akademie. Ich bleib nicht zu Hause."

„Ist ja wunderbar!" rief Hanna mit normal lauter Stimme und erntete zischende Psts von allen Seiten. „Ach, selber pst!" gab Hanna zurück und beugte sich zu Dudley vor. „Ich freu mich wahnsinnig für dich, du mußt mir alles ganz genau erzählen. Nur, das war eben unser Zeichen – geh jetzt lieber."

Bevor sie auf ihren Platz zurückkehrte, blieb Dudley noch einmal kurz stehen. „Rita!" flüsterte sie. „Rita! Du hast ein Stipendium bekommen, hab ich gehört!"

Rita zerfloß fast vor Glück. „O ja! Ja, das stimmt! Heute morgen kam der Brief."

112

„Herzlichen Glückwunsch!" flüsterte Dudley ihr zu und wollte weitergehen.

„Moment!" flüsterte Rita. „Hast du . . . hast du mit Rocco gesprochen gestern abend?"

Dudley nickte. Als Rita sie dann fragend ansah, schüttelte sie nur stumm den Kopf.

„Erzähl ich dir später", murmelte sie, lief zurück, erreichte ihren Platz gerade noch rechtzeitig, und der feierliche Einzug begann. Gegen das Getrampel auf dem Bretterboden der Bühne kam die Schulkapelle mit Verdis Triumphmarsch nur mühsam an. Dudley hatte die Augen fest auf ihren Vordermann gerichtet und achtete kaum auf die bis zum letzten Platz besetzten Stuhlreihen in der halbdunklen Turnhalle. Sie mußte an Hannas Gesicht denken, als sie ihr gesagt hatte, daß sie auf die Akademie ginge.

Helen McPherson hatte morgens ihren Freund vom Stipendienausschuß angerufen. Der hatte gesagt, daß Dudley für ein Stipendium jetzt zwar nicht mehr berücksichtigt werden könnte, aber ihr Studienplatz im ersten Semester sei noch frei. Und ich werde es versuchen, dachte Dudley entschlossen.

Schließlich ging Rita Rosetti zum Podium, um die Abschiedsrede zu halten. Dudley hörte sie das Übliche über die strahlende Zukunft und ihre hohen Erwartungen sagen, aber so wie sie das tat, klang es gar nicht abgedroschen. Dudley merkte, daß sie auf Fletcher Hicks Hinterkopf starrte. Armer Fletcher, dachte sie. Weil er Angst hatte, sein wahres Ich zu zeigen, versteckte er sich hinter lauter Gemeinheit und war keinesfalls glücklich dabei. Auch er mußte hinaus in eine Welt, in der sich nicht nur niemand vor ihm fürchtete, sondern in der ihn auch kein Mensch kannte.

Ein Schauer lief Dudley über den Rücken. Hör auf die neue Dudley, dachte sie. Sei stark und tapfer. Sie schloß einen Moment die Augen und sah Rocco Gambrini vor sich, so wie er am vergangenen Abend gewesen war, kühl und abweisend. Es ist aus, dachte Dudley. Diesmal ist es wirklich aus, und ich werde nichts daran ändern können, wenn ich mich auch noch so anstrenge.

Als sie die Augen wieder öffnete, trat Mr. Kenyon, der allgewaltige Schuldirektor, gerade vor und verkündete, daß jetzt die Zeugnisse verteilt würden. Er fing an, die Namen zu verlesen, und begann mit Ellie Albright, die seit Beginn der Schulzeit in ihrer Klasse immer die erste im Alphabet gewesen war. Und dann komm ich dran, dachte Dudley. Sie rief sich noch schnell in Erinnerung, daß sie ihm die rechte Hand geben und mit der linken das Zeugnis entgegennehmen müsse. Dann hörte sie ihren Namen, trat vor und befand sich, ihre Freunde scheu anlächelnd, auch schon wieder auf dem Rückweg.

So wird es nie wieder sein, wurde ihr plötzlich klar. Sie würden sich zwar wiedersehen, natürlich, sie waren ja alle Freunde. Aber die zwölf gemeinsamen Jahre ihrer Schulzeit waren heute endgültig vorbei.

Als Hanna Ellermann aufgerufen wurde, trat sie wie die andern feierlich vor, doch als sie, den Zuschauern den Rücken zukehrend, mit dem Zeugnis zurückkam, schnitt sie gerade vor Dudley eine fürchterliche Grimasse. Die ganze Klasse hatte Mühe, nicht laut loszuplatzen, aber Dudley war froh. Es wäre schrecklich gewesen, wenn sie hier vor allen Leuten angefangen hätte zu heulen.

Schließlich waren die Zeugnisse verteilt. Jetzt gab ihnen Dr. Bentley nur noch den Segen, und dann war alles überstanden. Nach dem gemeinsamen Gebet verließen sie im Gänsemarsch die Bühne und stellten sich, wie es am Gymnasium in Shamrock üblich war, unten vor den Zuschauern in einer Reihe auf, um die Glückwünsche entgegenzunehmen.

Dudley lächelte gerührt, als ihre alten Bekannten vorbeidefilierten und ihr die Hand schüttelten: Herr und Frau Androtti, Frau Mohr, Hannas und Toms Eltern, Mac vom „Treffpunkt", der sich in seinem blankgescheuerten blauen Anzug sichtlich nicht wohl fühlte, die Romanos, Karlos Eltern und die Rosettis. Selbst Herr Bronston schüttelte ihnen nach all seinen Grobheiten herzlich die Hand. Dann folgte Dudleys Vater, und als Helen McPherson ihr die Hand gab, sich vorneigte und ihr ins Ohr flüsterte: „Ich bin ja so stolz auf dich!" glaubte sie die Tränen nicht mehr zurückhalten zu können.

Schließlich schritten Herr und Frau Gambrini die Reihe der weißgewandeten Schulentlassenen ab, und Dudley brauchte nur den Bruchteil einer Sekunde, um festzustellen, daß sie allein waren. Sie nahm ihre Glückwünsche stumm entgegen, weil sie glaubte, doch kein Wort herausbringen zu können.

„Abteilung – marsch!" rief Tom Clement, als der letzte vorüber war. „Jetzt nichts wie heim. Zum gemütlichen Teil sehn wir uns dann wieder!"

Die Eltern, die zurückgeblieben waren, um ihre Kinder nach Hause mitzunehmen, lachten, als sie zu den Türen hinausgingen. Dudley trat zu ihrem Vater und zu Fräulein McPherson, die auf sie gewartet hatten.

„Macht es euch was aus, wenn ich zu Fuß nach Hause gehe? Ich möchte . . . ich möchte erst noch sozusagen von der Schule Abschied nehmen."

„Aber nein, Dudley", sagte Helen McPherson, „das verstehen wir doch. Bis nachher dann!"

Dudley blieb einen Moment stehen und sah ihnen nach, wie sie das Basketballfeld überquerten und um die Ecke des Schulgebäudes verschwanden.

„Beeil dich, Dudley!" schrie Frank Rosetti. „Der zweite Tanz gehört mir!"

Dann war sie allein und wanderte über das Basketballfeld. Langsam ging sie am Haupteingang der Schule vorbei, und die einsame Straßenlaterne warf einen langen Schatten, als sie an ihr vorüber war.

Dann straffte sie sich plötzlich. War es eine Sinnestäuschung, oder hatte sie da wirklich etwas gehört? Sie drehte sich um und sah eine große Gestalt auf sich zulaufen. Bevor sie noch erschrecken konnte, wurde sie an den Schulter gepackt und aus der Dunkelheit in das sanfte Licht der Straßenlaterne gezogen. Es war Rocco. Es war wirklich Rocco. Er sah sie lange an, dann nahm er sie in die Arme und gab ihr einen Kuß. Als er sie wieder losließ, starrte sie ihn nur an und konnte es immer noch nicht richtig fassen, daß er da war.

„Du bist gekommen", sagte sie ungläubig, „du bist trotzdem gekommen."

Er legte den Arm um ihre Schultern, und sie schlugen den Weg bergauf zu ihrem Hause ein.

„Tut mir leid, daß ich bei der Abschlußfeier nicht dabei war", sagte er, „aber ich konnte nicht. Mein Onkel und meine Tante sind mit den Androttis hergefahren, und ich sollte den Lieferwagen nehmen, aber er hat mich vollkommen im Stich gelassen. Gerade als ich über die alte Brücke wollte, rührte er sich plötzlich nicht mehr von der Stelle. Ich hab mit Menschen- und mit Engelszungen geredet, hat aber alles nichts genützt. Auch als ich ihm auf Italienisch erklärte, daß ich unbedingt zu Fräulein Dudley Anson müsse, tat er nichts dergleichen."

Ihm geht es wie mir, dachte Dudley und lächelte ein bißchen. Wenn ich nervös werde, besonders in seiner Gegenwart, fang ich auch an zu babbeln.

Ganz in Gedanken gingen sie weiter, als sie ihn plötzlich hinter sich lachen hörte. Sie wirbelte herum und sah ihn zwei Meter hinter sich, an einen schnittigen Sportwagen gelehnt, stehen. „Warum bist du stehengeblieben", fragte sie und ging zu ihm.

„Weil ich lieber fahre als laufe", antwortete er.

„Aber der . . . der gehört doch nicht dir", sagte sie und sah das blitzende Auto an.

„Nicht ganz. Es gehört John. Er hat beschlossen, erst morgen nach Los Angeles zurückzufahren. Er hat es mir geliehen. Brauch wohl nicht extra zu betonen, daß es italienischer Import ist. Genau wie ich." Er hob ihr Kinn hoch. „Sag mal, Dudley, hast du wirklich gedacht, ich würde dich im Lieferwagen zum Abschlußball bringen?"

„Ich hab nicht gedacht, daß du mich überhaupt hinbringst", sagte sie. „Aber es hätte mir auch nichts ausgemacht, wenn du mich mit einem Schubkarren hingefahren hättest", fügte sie hinzu und meinte es ganz ehrlich. „Wenn du mich nur überhaupt hinbringst!"

„Tut mir leid wegen gestern", unterbrach er sie und war plötzlich ganz ernst. „Du mußt wissen, ich war fest entschlossen, dich nie wiederzusehen, und ich war so . . . aufgeregt, als ich dich dann sah, daß ich eine solche Wut auf mich bekam, weil

116

ich so schwach war, und die hab ich an dir ausgelassen." Er sah an ihr vorbei. „Dann hatte ich ein langes Gespräch mit meinem Vetter John. Er fand, meine Zuneigung zu dir sei so offensichtlich, daß ich ein Idiot – und noch so Schmeichelhaftes mehr – wäre, wenn ich es dir nicht sagen würde."

Er sah sie an. „Um es kurz zu machen, Dudley, ich mußte einfach kommen. Was du auch immer sagst oder tust, ich kann mir dich nicht mehr aus meinem Leben wegdenken." Er machte ihr die Wagentür auf und half ihr beim Einsteigen." Als er sich neben sie hinters Lenkrad schob, berührte sie seine Hand.

„Fahr noch nicht", sagte sie. „Ich muß noch eine Minute mit dir sprechen, Rocco." Aber Dudley wußte nicht, wie sie anfangen sollte.

„Ich hab Neuigkeiten für dich", sagte er, beugte sich vor und gab ihr einen Kuß auf die Stirn, „aber ich warte damit auf einen vollkommen ruhigen Augenblick."

„Na gut", sagte sie, „aber ich muß dir meine gleich erzählen. Ich geh im Herbst von Shamrock fort. Das gehört zu meinem Entschluß . . . meinen Mann im Leben zu stehen, wie du das ausgedrückt hast. Ich geh nach San Francisco auf die Akademie."

Er sah sie lange an und legte dann seinen Arm um ihre Schultern. „Ich bin sehr stolz auf dich", sagte er mit einem festen Druck seines Armes.

„Ich will es versuchen", sagte sie. „Ich will es bestimmt versuchen." Er hauchte ihr noch einen Kuß auf die Stirn, drehte dann den Zündschlüssel um, und der Motor sprang heulend an. Er war ganz sicher am Steuer und brachte sie schnell nach Hause. An der Veranda legte er die Hand auf ihren Arm.

„Wart eine Sekunde, Dudley", sagte er. „Ich hab etwas für dich zum Schulabschluß. Es ist nichts Besonderes, aber ich glaub doch, es wird dir gefallen." Er zog ein kleines Schächtelchen aus der Tasche seines blauen Anzugs. Als sie es aufmachte, fiel das Verandalicht auf die bunten Facetten eines ausgesucht schönen Perlmuttanhängers. Sie nahm ihn heraus, und glitzernd baumelte er an einem ganz feinen Silberkettchen.

„Ist der schön", murmelte sie und sah Rocco an. „Er ist wie ein Stück Meer und Himmel – von Shamrock. Danke, Rocco."

Zwanzig Minuten später saßen sie wieder in dem offenen Sportwagen und brausten zur Schule zurück. Rocco fuhr in schwungvoller Kurve hinter die Turnhalle, sprang heraus und ging um den Wagen herum, um Dudley zu helfen. Anmutig stieg sie aus, und das blaue Kleid wirbelte um ihre Knöchel. Sie hielt den Atem an, als sie in die Turnhalle kamen. Die unteren Klassen hatten in der kurzen Zeit nach der Abschlußfeier ein wahres Wunderwerk vollbracht. Von der Mitte der Decke hing eine große, sich langsam drehende Kugel herab, deren Oberfläche mit winzigen Spiegeln bedeckt war, und soviel buntes Kreppapier war verwendet worden, daß die eigentliche Funktion dieses riesigen Raumes nicht mehr erkennbar war.

Auf der Bühne saß Spike Mallory mit seiner Band, und nach der für ihre Verhältnisse ungewohnt leisen Musik konnte man wunderbar tanzen. Rocco nahm Dudley in seine Arme und glitt mit ihr zu den andern Paaren auf die Tanzfläche, während die sich drehende Kugel alles in buntes Licht tauchte.

Als die Musik aufhörte, entdeckte Dudley Fletcher und Penny in der Nähe. Sie nahm Rocco bei der Hand, und sie gingen zu ihnen. Fletcher sah sie ironisch grinsend an.

„Penny, ich möchte dir Rocco Gambrini vorstellen. Fletcher Hicks kennst du ja schon, Rocco." Dudley noch immer fest an der Hand haltend, verbeugte sich Rocco vor Penny. Dudley sah Fletcher einen Moment schweigend an und entdeckte, daß sie etwas dazugelernt hatte. Fletcher hatte sie immer verletzen können, weil er instinktiv ihre schwachen Stellen erkannte. Er mußte auch den Zwiespalt gespürt haben, in dem sie sich Rocco gegenüber befunden hatte. Jetzt aber, da sie ihn bedingungslos akzeptierte, gab es keine schwache Stelle mehr, die Fletcher treffen konnte.

Ihr Glücksgefühl hielt den ganzen Abend an. Sie tanzte mit allen und beobachtete Rocco bei seinen Pflichttänzen mit Hanna, Rita und Penny. Als Rita sie mit Rocco sah, schloß sie ein Auge zu einem gewaltigen Zwinkern über Karlos Schulter hinweg, und Dudley zwinkerte zurück. Dann, das war doch noch gar nicht möglich, kündigte Spike den letzten Tanz an, und der Abschlußball war vorüber.

„Es war wunderschön!" flüsterte Dudley Rocco zu, als sie zur Tür gingen.

„Und was geschieht jetzt?" fragte er. „Du willst doch noch nicht nach Hause, oder? Gehen wir vielleicht noch in den ‚Treffpunkt'?"

„Nicht in den ‚Treffpunkt'", rief Hanna, als sie und Tom auf der Treppe zu ihnen stießen. „Hast du's ihm denn nicht gesagt, Dud? Wir fahren jetzt alle zum Fluß runter, machen dort ein großes Freudenfeuer und lassen uns an der Vorderseite braten und hinten einfrieren." Sie lachte. „Kein Mensch weiß, warum, aber seit die Schule besteht, wird das so gehalten!"

„Alles abfahrtbereit?" brüllte Karlo und zog eine lachende Rita hinter sich her die Treppe hinunter.

„Hast du Lust?" fragte Dudley Rocco. „Es ist Tradition, und anschließend erwarten die Eltern uns mit einem ausgiebigen Frühstück."

„Also los! Aber wo da am Fluß?"

„Gleich diesseits von der neuen Brücke", erklärte Tom ihm über die Schulter. „Dudley kennt die Stelle."

Dudley sah über sich die Sterne vorüberfliegen, als sie auf der Küstenstraße dahinrasten. Wie sicher Rocco fährt, dachte sie, und dann trat er auch schon auf die Bremse. Sie waren die ersten hier. Außer der Brandung jenseits der Brücke war hier kein Laut zu hören.

„Jetzt ist genau der richtige Augenblick, um dir meine Neuigkeiten zu berichten", sagte Rocco und nahm ihre Hand. „Ich wollte nicht eher darüber sprechen, bis alles entschieden war. Johns Universität in Südkalifornien hat mich angenommen. Ich bleibe mindestens noch ein Jahr in den Vereinigten Staaten. Es hat zunächst Schwierigkeiten gegeben, weil ich Italiener bin, aber jetzt ist alles klar. Mein Onkel ist schon fast wieder völlig auf dem Damm, und ich bin also frei und kann meine Ausbildung fortsetzen."

„Fortsetzen?"

Er sah sie mit einem kleinen Lächeln an. „Ich hab schon mal versucht, dir das zu erzählen. Vor Wochen, an jenem Abend im

‚Treffpunkt', aber du hast mir leider nicht zugehört. Ich hab schon ein Jahr an der Universität in Rom studiert, werde jetzt hier ein paar Semester belegen und dann am Institut für Ozeanographie in San Diego Examen machen. Die See ist mein Leben, Dudley, das weißt du. Aber nicht das Leben als Fischer. Ich möchte studieren und forschen und später mal mein Wissen an andere weitergeben. So ist das mit mir. Nun" – seine Stimme hatte wieder den alten, verschmitzten Klang –, „hast du mir diesmal zugehört, kleines Mädchen?"

Sie nickte schweigend und sah ihn nur an. Er gab ihr schnell einen Kuß, und dann stiegen sie aus, um auf die andern zu warten.

Später waren die jungen Leute dann um ein großes, flackerndes Feuer an der Flußseite der neuen Brücke versammelt. Müde vom Singen und vom gegenseitigen Frotzeln saßen sie entspannt da und sahen in die leuchtenden Flammen.

Einem plötzlichen Impuls folgend, stand Dudley auf und ging zum Wasser hinunter. Hier, vom Feuer entfernt, wehte ein scharfer Wind, aber sie merkte es nicht. Im Westen sah sie hinter den geschwungenen Brückenpfeilern die wogende Brandung in der mondlosen Nacht aufleuchten. Dann schaute sie nach links über den Fluß und sah den Schatten von Emil Sorensons Kahn und auf der gegenüberliegenden Seite die flackernden Lichter des Hafens. Armes, altes, verlassenes Wrack, dachte sie. Dem Untergang geweiht, ehe es noch das Wasser richtig berührt hatte. Um im tiefen Wasser schwimmen zu können, muß man entsprechend gebaut sein. Und deshalb, dachte Dudley, will ich weiterlernen und an mir arbeiten. Sie wollte an das Boot nicht mehr denken. Warum sich mit Fehlleistungen beschäftigen?

Über den Bäumen im Osten sah sie den schwachen rosa Schein der Morgendämmerung. Die Sonne würde bald da sein und mit ihr ein neuer Tag und eine neue Zukunft. Sie blickte sich um und sah Rocco kommen. Seine große Gestalt hob sich dunkel gegen den Feuerschein ab. Er hat seinen Weg und ich den meinen. Und ich weiß nicht, wie sie zusammenführen.

Aber, daß sie zusammenführen, hoffe ich ganz fest, ja, ich weiß es ganz gewiß. Und ich kann es kaum erwarten, dachte sie, als er zu ihr trat und ihre Hand nahm. Ich kann es kaum erwarten, bis es soweit ist.

**Ein junges Mädchen
in einem Lebenskonflikt**

MARIANNE HASSEBRAUK

Heimweh nach dem Rosenhof

Ein kleines Gut, ein verwilderter Park, das benachbarte
Dorf — hier ist Niki groß geworden, hierher gehört sie.

Das Schicksal führt sie nach München. Aber trotz aller
Liebe, trotz allem Verständnis im Hause der Eltern ver-
zehrt sie sich vor Sehnsucht nach dem Rosenhof.

Aus dem ehrlichen Bemühen um Verständnis füreinander
ergibt sich eine unerwartete Lösung.

„In die muntere Handlung ist allerlei verpackt, was
manchem jungen Mädchen fürs Leben helfen kann."

Stuttgarter Zeitung, Stuttgart

Schneider-
Buch